バックストン著作集

Barclay Fowell Buxton

第1巻　説教I　赤山講話

いのちのことば社

刊行のことば

日本の初期プロテスタンティズムを形成した横浜バンド、熊本バンド、札幌バンドに遅れること三十年、Ｂ・Ｆ・バックストンらにより松江を中心に展開された伝道活動の一隊は松江バンドと呼ばれています。その信仰の流れは日本の諸教会、とりわけ福音派諸教会に大きな影響を与え、今日に至っています。なぜ今日まで教派を超えてバックストンが多くのキリスト者を惹きつけてやまないのでしょうか。その理由を二つ求めることができるでしょう。一つは、彼の高尚な人格と生涯、もう一つは彼の語ったメッセージです。

バックストンの著書は、その著された時代から見て三つに大別されるでしょう。

第一の著作群は、「赤山時代」のものです。バックストンが一八九〇年（明治二十三年）来日後、「松江バンド」の形成期に、「赤山塾」での聖書研究や修養会で、働きを共にする教職者たちに語ったものが書物となりました。『赤山講話』、『ヨハネ伝講義』、『レビ記講義』、『創造と堕落』の一群で、弟子のひとり堀内文一により忠実に筆記されています。

第二の著作群は、「神戸時代」のものです。神戸を中心にバックストン、ウィルクスらが直々に起こした「日本伝道隊」の働きが拡大した時期のものです。日本伝道隊の聖書学校は一九〇七年（明治四十年）、神戸の平野に竹田俊造を校長に設立されました。一九一三年（大正二年）十一月から四年間、バックストンも神戸に定住し、教壇に立ちました。そこで講じられた聖書講義や説教の一群が、『使徒行伝講義』、『詩篇の霊的思想』、『ルツ記霊解』、『雅歌霊解』、『ヨナ書霊解』、『リバイバルの要件』などです。これらの説教や聖書講義は、当時、バックストンの秘書であった米田豊が筆記しました。

第三の著作群は、英国における日本伝道隊のスウォニック聖会での説教と、一九三七年（昭和十二年）、最後の来日時の説教をまとめたものです。『雪のごとく白く』、『基督の形成るまで』、『恩寵の成長』、『砂漠の大河』、『エホバの栄光』、『神の奥義なるキリスト』、『聖潔られたる者の行歩』、『神と偕なる行歩』やその他の小冊子です。この一群は、バックストン最後の来日時の通訳者小島伊助により翻訳、編纂されました。さらに、「活水の群」の機関誌「活水」にその時期の多くの説教が掲載されました。

こうしたバックストンの著作は、戦前は基督教書類会社（ジョージ・ブレスウェート責任）、戦後はバックストン記念霊交会（落田健二責任）、また後者から版権を譲渡された関西聖書神学校から出版されてきました。しかしながら、今日、それらの多くが絶版となり、再版が求められてきました。バックストンが来日して百二十五年を迎えるこの年、私たちはその要望に答えるために『バックストン著作集』を刊行し、その豊かな霊の恵みが諸教会にくまなく及ぶようにとの願いを抱くに至りました。

私たちは、バックストン著作集刊行・編集にあたり、次代を担うキリスト者にも広く読まれるように、ハンディな版型で出版する計画を立てました。底本として戦後のバックストン記念霊交会のものを用いましたが、バックストンが用いた独特の古い日本語は原文を可能な限り生かしつつ、読みやすい現代文にし、原則として新漢字、現代仮名遣いに書き改めました。聖化に関する漢字表記は一部統一しましたが、用語はできる限り原文のままにしました。また、今日的視点から問題視される差別表現、不快表現は削除し、一部の書籍は出版を見合わせました。加えて、今まで未出版の英国ケズィック・コンヴェンションにおけるバックストンの説教を翻訳し、このたびの著作集に加えることにしました。

私たちの願いは、本著作集によって全幅的な福音の恵みが日本の諸教会に及ぶことです。この著作集の読者が、贖罪《しょくざい》の恵みを徹底して理解し、聖霊による豊かで輝く信仰生活に導かれ、キリストの証人となり、キリストのからだなる教会を建て上げ、日本の宣教の働きに貢献する者になることです。そして福音宣教の最終的目的とその宣教方法がさらに純化されることにあります。どうか主が、本著作集を用い、日本に霊的復興をもたらしてくださるようにと祈りつつ、刊行のことばといたします。

二〇一五年十月

『バックストン著作集』刊行委員会
同編集委員会

目次

刊行のことば
主イエスの誘惑　9
ダビデの三勇士　21
真のイスラエルの人ナタナエル　35
金の燭台　54
よくなりたいか　70
聖潔（きよめ）　82
伝道　95
枯れた骨の谷　106
ヨハネ黙示録第五章　130

主イエスの昇天 143
神の栄光を見る障害 157
生命《いのち》の水の川 169
ソドム、ゴモラの滅亡 181
ペンテコステ前後の弟子 194
聖霊の内住 206
出エジプト記第二四章 215
金銭に関する神の御旨《みむね》 227
民数記第二〇章 233
ヨナ書 249
エジプトのヨセフ 280
B・F・バックストン年譜 293
解説　工藤弘雄 297

主イエスの誘惑

新約聖書マタイの福音書三章一六節から四章一一節までをお開きしたいと思います。

こうして、イエスはバプテスマを受けて、すぐに水から上がられた。すると、天が開け、神の御霊が鳩のように下って、自分の上に来られるのをご覧になった。また、天からこう告げる声が聞こえた。「これは、わたしの愛する子、わたしはこれを喜ぶ。」

さて、イエスは、悪魔の試みを受けるため、御霊に導かれて荒野に上って行かれた。そして、四十日四十夜断食したあとで、空腹を覚えられた。すると、試みる者が近づいて来て言った。「あなたが神の子なら、この石がパンになるように、命じなさい。」 イエスは答えて言われた。「『人はパンだけで生きるのではなく、神の口から出る一つ一つのことばによる』と書いてある。」 すると、悪魔はイエスを聖なる都に連れて行き、神殿の頂に立たせて、言った。「あなたが神の子なら、下に身を投げてみなさい。『神は御使いたちに命じて、その手にあなたをささえさせ、あなたの足が石に打ち当たることのないようにされる』と書いてありますから。」　イエスは言われた。「『あなたの神である主を試みてはならない』とも書いてある。」　今度は悪魔は、イエスを非常に高い山に連れて行き、この世のすべての国々とその栄華を見せて、言った。「もしひれ伏して私を拝むなら、これを全部あなたに差し上げましょう。」　イエスは言われた。「引き下がれ、サタン。『あなたの神である主を拝み、主にだけ仕えよ』と書いてある。」　すると悪魔はイエスを離れて行き、見よ、御使いたちが近づいて来て仕えた。

悪魔は力を尽くして神の働きを滅ぼそうとします。神はかつてこの天地を造られましたが、悪魔の言葉によってその天地を滅ぼさなければなりませんでした。いま神は主イエスによって新しい天地を始められました。しかし、悪魔はまたもやこの新しい天地をも滅ぼそうとします。この時、主イエスは天よりの声を聞き、また地獄よりの声をもお聞きになりました。そして、天国が開かれ、すぐに地獄も開かれました。私たちにとって、この二つの声、すなわち天よりの声と地獄よりの声とを判別するのはとても難しいことです。悪魔が天の使いの言葉を携えて来るとき、私たちはしばしば誘惑に陥ってしまいます。私たちはひとたび霊を受け、私たちの上に天が開かれたという経験をしましたが、すぐに悪魔に誘惑されて、主を見失ったことはないでしょうか。

兄弟姉妹よ。今晩この集会で神の栄光を見るとともに、悪魔の働きをも見てみましょう。私たちは悪魔の働きをしっかりと認識するならば、その誘惑を容易に避けることができます。けれども、悪魔は自分の形や自分の声を隠して、時には兄弟姉妹の声や形をとってやって来ます。また、このお話にあるように聖書を引照して、神の使いのようなふりをします。実に、これが私たちの敵なのです。恐ろしい敵です。どうかこの敵をしっかりと見てください。主イエスは大胆にこの敵の前に立って、これを打ち砕かれました。

兄弟姉妹よ。今晩この敵の前に立っているとしたら、まことに幸いなことです。苦しいでしょうが、幸いです。神の力によって悪魔を打ち砕くならば、幸いです。悪魔を打ち砕くことによって力より力に進み、神に全く依り頼むことを教えられます。

悪魔が誘惑してきたとき、主イエスはすでに霊の力を受け、神から任職の油を受けておられました。聖霊に満たされておられました。そうしたときに、今与えられた聖なる力をもって自分の利益のために働くように、と悪魔に誘われました。これが第一の誘惑です。私たちもたびたびそうした誘惑を受けないでしょうか。聖なる霊の力を受けた時に、自分のためにその力を使うように誘われるのです。もしその誘惑に陥るならば、そのために神から離れ、自分の力で働かなければなりません。自分の力で働くこともできるでしょう。私たちは神を離れて自分の心のままに伝道することもできるでしょう。その伝道がもしかしていくらか成功するかもしれません。けれども、それはまことに危険な伝道です。それは遅かれ早かれ破綻します。私たちはこれまで、こうした誘惑に陥ってしまわなかったでしょうか。常に神にのみ依り頼んで伝道をし、ただ神の新たに与えてくださる力だけを頼って祈っているでしょうか。今まで受けた力によって神から離れ、自分の力で伝道をし、祈っていなかったでしょうか。そういう働きはみな悪魔の誘惑ですから、私たちは気をつけなければなりません。

主イエスは神の御子ですから、お話しになることは神の言葉です。行われることは神の御業です。けれども神から独立して働くことは決してなさいませんでした。またお話しなりませんでした。どうか、今からいつまでもこの誘惑に勝って、「サタンよ、退け」と叱りなさい。ただ神にのみ依り頼んで、神のご命令がなければ何もしないような生涯を送りたいと願います。

二つめの誘惑は、「あなたの身を下へ投げなさい」ということでした。もしも主イエスが神殿の頂上から飛び降りたならば、神殿にやって来た多くの人がみなイエスがメシヤであると信じ、驚嘆して、主はまことに神の子であったと信じ、また天からの使者であるとも信じたことでしょう。主イエスは、人々が信仰を持つことを願っておられます。けれども、自分の栄誉を人の前に現すことによって信仰を起こさせることが、悪魔の誘惑であることも知っておられました。

今日、悪魔はしばしば伝道者をこの誘惑によって倒します。自分の栄誉を人々の前に見せ、人物を人の前に現せば、それによって伝道ができると思うのは大きな間違いです。恐るべき悪魔の誘惑です。どうかそれに打ち勝ち、「サタンよ、退け」と叱るよう願います。

三つめの誘惑で悪魔は、「もしひれ伏して私を拝むなら、これを全部あなたに差し上げましょう」と言いました。主イエスがこの世に降られたとき、世界は悪魔の手中にありました。主イエスはこれを神の国に帰したいと願っておられました。ただ悪魔を拝するだけで、十字架を負わないで、その目的を達成するとすれば、それは本当に幸いなことではないでしょうか。けれども主イエスはこれも退けられました。

これも悪魔の恐るべき誘惑です。ただ悪魔を打ち砕くことによってのみ人間を救うことができます。ひと時でも悪魔の言うとおりにすれば、人間を救うことは決してできません。世界の王となり、また世界の至る所に善いことを運ぶことができるかもしれません。けれども人間を救うことはできません。ただ一回小さなことでも悪魔の声を聞き従うならば、人間を救うことは決してできないのです。

ある伝道者には学問があります。聖書の知識もあります。また幾分か霊的な経験もあります。けれども罪人を罪から救い出すことはできません。あるいは信徒をつくることがあるかもしれません。けれども罪人を救うことはできません。なぜでしょうか。この伝道者はたぶん、小さなことにおいて悪魔の声を聞き、悪魔に導かれ、悪魔と関係を断たないからであろうと思います。

主イエスが悪魔のこの誘惑に従い、一時でも悪魔を拝されたならば、それで世界の王となることができ、十字架の苦痛もなく、十字架を負われることもなかったでしょう。けれども、それでは人間を救うことはできません。私たちも、自分に死んで十字架を負い、主と共に苦しみ、主と共に十字架に上らなければ、罪人を救うことはできません。ちょうど植物の種が地に落ちて死ななければ、芽が出て実を結ぶようにならないのと同じ道理です。世の中に死の道ほど幸いな道はありません。もしも私たちが死の道を避けて、ほかの道を歩むならば、あるいは他の働きができることでしょう。

けれども今お話ししたように、人間を救うことはできません。悪魔はこの時に主を誘惑したように、私たちをも誘います。そして十字架を避ける道を示します。兄弟姉妹よ、私たちは絶えずこの悪魔に勝利を得なければなりません。私たちは少しばかりの快楽を見ると、それを慕い、小さな名誉や小さな楽しみ、小さな財などに心を奪われやすいものです。

悪魔は主イエスに国とその栄華の状況を見せました。けれども主はすぐに悪魔を退けられました。私たちは小さなことで負けたことはないでしょうか。創世記一四章を見てください。アブラハムは分捕り物をもって国へ帰り、ソドムの王に会ったとき、ソドムの王は、「人々は私に返し、財産はあなたが取ってください」（二一節）と言いましたが、アブラハムはこれを全く断り、汚れたものはすべて返しました。

私たちはどうですか。悪魔は私たちにこの世の栄華、この世の財、この世の栄光、この世の快楽を見せなかったでしょうか。たびたび負けたことはなかったでしょうか。兄弟姉妹よ、今晩そういう誘惑に勝ち、こうした物を断って、喜んで十字架の道を歩む力を受けたいものです。

昔の武士は競って戦場に出て、勇んで困難に立ち向かいました。戦争の初めに小さな傷を負っても退くことをせず、命がけで力の限り主君のために戦いました。もしも些細《ささい》なことのために退くような卑怯なことをしたならば、栄光の代わりに侮辱を受けたことでしょう。また、主人の命令ならば仕方ないといって涙を流すようなことはなく、喜んで大胆に、望みをもって、主人のため、主人の栄光のために戦場へ赴きました。兄弟姉妹よ、あなたがたは神の武士です。神の兵卒です。ただ小さな傷を受けただけで、戦場を退いたことはなかったでしょうか。身の安全を考えて、神の大いなる戦場を退いたことはないでしょうか。困難に遭《あ》った時に、寂しい折に、敵に会った時に、安全な所に戻らなかったでしょうか。十字架を負って進むべき時に、平安な所に退かなかったでしょうか。涙を流し嘆いて、その困難や敵に背を向けたことがなかったでしょうか。これが神の武士に適した心でしょうか。それは悪魔の誘惑に導かれた道です。悪魔に勇気を奪われ、喜びを奪われて、神の戦場より帰ってしまうことです。

兄弟姉妹よ。主がこの悪魔の誘惑に勝たれたように、神に祈って、十字架を負い、これを打ち砕きましょう。悪魔の毒を受けると、その毒が働いて心がだんだんと汚れていきます。たとい少しばかりの毒であっても、大いなる苦痛となります。私たちは、これは小さなことだからと思って、誘惑に乗ってしまうならば大きなわざわいです。そのために大きな苦痛を受けなければなりません。この誘惑に負けてしまうならば、伝道の役に立たない者となってしまいます。

主イエスがこの時に負けてしまわれたならば、人間を救う世の救い主となることができませんでした。けれども主は完全な勝利を得られました。兄弟姉妹よ、どうぞこのことを恐れて、悪魔に打ち勝ちなさい。主は実に勝利して栄光をお受けになりました。ハレルヤ。

主は勝利を得られました。そのとき主イエスは野にあって飢え、兄弟に同情されることもなく、獣とともにいて、悪魔に誘惑されました。けれども勝利を得られました。私たちはどんなに困難な場合でも、勝ちを得られないことはありません。ですから、だれかのために負けてしまったという言い訳は成り立ちません。主は最も難しい所で勝利を得られたからです。

私たちは悪魔の誘惑に遭《あ》うとき、たびたび力を失ってしまいます。けれども主はこの戦いによって、お受けになった霊の力を少しも失われませんでした（ルカ四・一四）。これは完全な勝利です。私たちも同じ勝利を得たいものです。主は人間のいる所を離れ、隠れた所で勝ちを得ましたから、この後、人間の目の前に出ても大きな勝ちを得られました。私たちも隠れた所で勝ちを得るならば、大きな力をもって戦いに出ることができます。隠れた、人のいない寂しい所で勝ちを得なければ、表に出ても、とても勝ちを得ることはできません。主イエスにとって一番大きな戦いは十字架にかかることでしたが、そのときに大きな勝利を得たのは、その前にゲッセマネの園で隠れた勝利の力を得られたからです。そのとき弟子たちは眠っていたため、罪に堕ちて、逃げ隠れしてしまいました。

私たちも隠れた所で勝ちを得るならば、表に出た所でも勝ちを得ます。主は隠れた所で勝ちを得られました。飢えた時に誘惑に勝って、ご自分のためにパンを造るようなことはなさいませんでした。それでその後ご自分が生命《いのち》のパンとなって、多くの人人の飢えを満たされました。これは大きな報いではありませんか。もしもこの時にご自分のためにパンを造られたならば、その後多くの生命《いのち》を満たすパンとなることはできませんでした。隠れた所で自分の利益に死ぬならば、その報いとして神はあなたを用いて多くの人々に恵みを分かち与えるようにしてくださいます。これが神の与えた第一の報いです。

次に、主は「あなたの身を下へ投げなさい」と悪魔に誘惑された時、それを打ち砕かれました。それで、後になって自然の法則に打ち勝つことができました。海を渡り、ペテロをお助けになったこと、聖霊を降すために、ご自身が地より挙げられて天に上られたこと、これらはみな第二の報いです。

第三に、主は悪魔より世界の国のすべてを与えるという誘惑を受けられましたが、それにも打ち勝たれました。それで、すべての地の上、天の下の力が主に授けられました。主はついに世界中、否、宇宙の王の王となられました。これが第三の報いです。もしもこのとき、悪魔の誘惑に従ってこの世の王となられたならば、神の国に入ることはできませんでした。人間の目に見えない所で悪魔に打ち勝つとき、表に出た所で悪魔の力を打ち砕くことができます。それは神の与える報いです。今、わずかなパンを食べることを選びますか、あるいは後に多くの人々に生命《いのち》のパンを与えることを選びますか。今、人間の前に自らを出してわずかな栄誉を得ますか、あるいは後に、ほかの多くの人々を苦しみより救いますか。今、小さなことに誘惑されてこの世の栄えを得ることを選びますか、あるいは未来に主と共に神の国で栄えることを選びますか。今晩、厳かにこれらのことを選びたいものです。兄弟姉妹よ、悪魔の考えを全くお捨てなさい。悪魔と全く関係を断って、主のために力を尽くし、主のために十字架を負い、主のために戦場に出る考えをお持ちになることを願います。

英国のある海岸では、長い糸を用い、その先に餌を刺して鮭《さけ》を釣ります。鮭がこの餌を食べて逃げるときに、漁師は少しも逆らわずに十分糸を緩めます。もしも鮭と争えば糸が切れるからです。そして隙さえあればたぐり、たびたびそのようにして半時間あるいは一時間も経つと鮭は弱ります。その時を見計らって漁師は糸を引き上げます。悪魔が私たちを捕らえる時も同様です。小さなことをもって私たちを陥れます。悪魔は十分緩やかに私たちを取り扱いますから、私たちはつい些細《ささい》なことであると思って、その誘惑を断ちません。悪魔はそれをもってたびたび私たちを自分のほうに引き、私たちが気づく時には糸を緩めて、ついに私たちをつまずかせます。私たちがその餌を食べて誘惑にかかれば、悪魔はその糸を緩めます。私たちが糸を切ることをしなければ、このかけひきにだんだんと疲れてきます。悪魔はついには糸をたぐり寄せて、私たちを捕らえるのです。

今晩、悪魔の力を完全に断ちなさい。鮭は尾を使って容易に糸を切ることができます。あなたがたも、悪魔の些細《ささい》な誘惑に勝って悪魔の手から逃げることができます。今晩、自分を捨てる決心を持ちなさい。この世を捨て、悪魔の誘惑を退け、自分の利益を捨て、この世の栄誉、楽しみ、財などの小さな糸を今晩断ちなさい。そうして自由の者となりなさい。そうすれば主イエスのように、霊の力を少しも失わずに悪魔に勝利を得て、罪人に伝道することができます。今晩、勝利を得ることをお勧めします。

ダビデの三勇士

サムエル記第二の二三章一三節から一七節をお開きください。

三十人のうちのこの三人は、刈り入れのころ、アドラムのほら穴にいるダビデのところに下って来た。ペリシテ人の一隊は、レファイムの谷に陣を敷いていた。そのとき、ダビデは要害におり、ペリシテ人の先陣はそのとき、ベツレヘムにあった。ダビデはしきりに望んで言った。「だれか、ベツレヘムの門にある井戸の水を飲ませてくれたらなあ。」 すると三人の勇士は、ペリシテ人の陣営を突き抜けて、ベツレヘムの門にある井戸から水を汲《く》み、それを携えてダビデのところに持って来た。ダビデは、それを飲もうとはせず、それを注いで主にささげて、言った。「主よ。私がこれを飲むなど、絶対にできません。いのちをかけて行った人たちの血ではありませんか。」 彼は、それを飲もうとはしなかった。三勇士は、このようなことをしたのである。

今、私たちの中に三人の勇士がいるでしょうか。私たちの中に、主のために三人の勇士と同じ精神を持つ者がいるでしょうか。主は今このような兵士を招いておられます。そういう義勇兵を求めておられます。

この時ダビデの故郷は敵の手にありました。敵はベツレヘムに陣取っていました。このことはダビデの嘆きでした。その地はイスラエルに与えられた所でしたが、イスラエルの罪のために敵の手に渡されていました。ダビデはその地に生まれ、育ちました。家はベツレヘムの中にあり、その近辺の野や畑をも愛していました。かつて夜も昼もベツレヘム近郊の山を歩き回っていました。そこで神の幻を見ました。そこで神に祈りました。声をあげて神を賛美しました。ベツレヘムは実にダビデの愛する故郷です。けれども今、ペリシテ人の手に渡されています。

皆さんはこのたとえがよくおわかりだと思います。私たちのダビデはこれと同じようにご自分の故郷を愛し慕っておられます。私たちのダビデは天を治める主キリストです。天の王となったお方です。ご自分の支配しておられる中には天の星が幾万もあります。これらの星はみな喜んでその命令に従います。けれども、私たちのダビデはこの小さな世界をも慕っておられます。神の御子である主イエスは、この小さな世界に肉を取ってお生まれになりました。いま天の御座におられますが、やはり人間の肉体を持っておられます。ですから、肉を受けた地を慕っておられます。今この小さな世界を慕っておられます。この世はご自分の故郷です。ここはご自分の都です。外の広い領地を治めるための都ですから、ここを慕われます。けれども、今は敵の手に渡されています。

ヨハネの手紙第一、五章一九節、ヨハネの福音書一二章三一節に、「この世を支配する者」ということが記されていますが、主イエスがこの世を去る前に、悪魔のことを三度「この世を支配する者」と言われました。その一つは、いま申し上げたヨハネの福音書一二章三一節です。そして、同じヨハネの福音書一四章三〇節と一六章一一節です。

今この世はペリシテ人の手に渡されています。主イエスはこの世の王であるはずのお方です。この世の君であるはずのお方です。けれども、「この方はもとから世におられ、世はこの方によって造られたのに、世はこの方を知らなかった。この方はご自分のくにに来られたのに、ご自分の民は受け入れなかった」(ヨハネ一・一〇～一一)。この世の本当の主はこの世に来られました。けれども世は謀反人に従っていました。あちら今も同じことを見ます。本当のこの世の主は世から追い出されてしまいました。あちらこちらを歩くと、悪魔がそこを支配しています。現在、多くの人が喜んでこの世を支配する者に従っています。また、どこにおいても、この世を支配する者が持っている権威の結果を見ることができます。どこにでも罪、失敗、病気、死を見ます。この世を支配する者の権威の結果はどこにでも見ることができますが、本当の主なる神の子はそこを支配しておられません。主イエスが生まれた時には、ベツレヘムの宿屋にお入れする部屋がありませんでした。

けれども、主はこの故郷を愛されました。この故郷を慕われました。実に主は今でもこの世を慕っておられます。いま天国で涙を流すこともおありでしょう。嘆きと悲しみを持っておられるでしょう。未来において神は人間の眼より涙を拭ってくださるでしょうが、今は天国においても悲嘆があります。主は罪人のために悲しまれます。また、天国にあって清い者、主と同じ心をもっている者は、主と同じように嘆き悲しみます。この世にいて天国に属する者もやはり今、嘆き悲しんでいます。未来においては、天国に属する者は全き幸福を得、地に属する者は全き苦痛を受けるでしょうが、今はちょうどその反対です。いま天国に属する者は嘆き悲しみ、地に属する者はかえって笑い楽しんで生活しています。

ダビデは喉が渇いたときに、故郷の水を求めました。主イエスも同じように、いま人間の魂を求めておられます。私たちは聖書で、主が二度、喉の渇きを覚えられたことを読みます。一度はヨハネの福音書四章七節です。これは身体の渇きだけではありませんでした。魂の渇きです。「わたしに水を飲ませてください」というその願いは実際には答えられませんでした。主はヤコブの井戸の水をお飲みになりませんでした。けれども、あとから考えると、主はこの世の水を願っておられなかったのです。主は別の水のためにご自分の渇きをそのまま残されました（同三二節）。この世に属する水を飲みたいと思われませんでした。罪人の魂を慕い求められました。その者の愛を慕い求められました。主は、そうすることでご自分の渇きを満たされたのです。

ヨハネの福音書一九章二八節も見てください。十字架につけられた主イエスが「わたしは渇く」と叫ばれた意味は何なのでしょうか。世に属する水を求めたのでしょうか。いいえ、そうではありません。人間の魂を慕い求められたのです。人間の心の愛を慕い求められたのです。「わたしは渇く」、主は今もこう叫んでおられます。いま主は渇いておられます。ベツレヘムの水を慕い求めておられます。人間の魂を慕い求めておられます。

「彼は、自分のいのちの激しい苦しみのあとを見て、満足する」（イザヤ五三・一一）。主イエスは、ご自分の苦しみの結果を見て、その心に満足を得られます。その苦しみの結果とは何でしょうか。それは、救われた魂です。救われた人間のことです。主は、救われた人を見て、満足されます。そのときに喉の渇きが癒《い》えます。そのときに苦しみが変わって喜びとなります。今、主の声、主の叫びを心の中に聞きたいと願います。「わたしは渇く」「わたしは渇く」と。

サムエル記第二、二三章一五節を見るとき、この叫び声を聞きます。

雅歌四章一〇節を見てください。

「私の妹、花嫁よ。あなたの愛は、なんと麗しいことよ。あなたの愛は、ぶどう酒よりもはるかにまさり……。」

救われた人々の心の愛は主に満足を与えます。主に喜びと楽しみを与えます。「わたしは渇く」。それならば、私たちはどのようにして主に水を持っていくことができるでしょうか。

第一に、自分の心の愛を持っていくとき、主の苦しみが変わって、楽しみとなります。救われた者の愛の心を持っていくときに、カルバリ山の苦しみが変わって、喜びとなります。女性はお産のときに苦しみますが、子が生まれたときに喜びます。主が私たちから愛を受けるならば、そのことによって満足を得られます。

そればかりではありません。主はなおもベツレヘムの井戸の水を飲みたいと願っておられます。私たちの周囲にいる罪人の魂を慕い求めておられます。目を上げてごらんなさい。松江にも三万を超える魂がいます。そのほか町々村々、あるいは大いなる町、あるいは山の中にある小さな村を見てください。そこには、多くの魂が滅びに向かっています。主はそれをご覧になって、心の中で嘆き悲しんでおられます。今一度心の中で苦しんで、「わたしは渇く」と叫ばれます。どうか皆さんの耳に絶えずこの叫び声が響きますように。私たちはこの叫びを聞かずに、ただ人間の滅び行くのを見ているだけなのでしょうか。

福音を宣べ伝えても、人々がこれを受け入れないときには、失望してしまうでしょう。時には伝道をやめてしまうかもしれません。あるいは、表面上伝えていても、心の中では伝道心が消えているかもしれません。あるいは、表面だけの信者を造るかもしれませんが、主の渇きを癒《いや》す本当の信者を造ることはできません。

けれども主イエスの渇きを見るときに、散り散りになった魂を主が慕い求めておられることを深く心の中で味わうときに、いつまでも伝道を続けたいという願いが起こされます。主に対して同情をもって主の苦しみと嘆きとを心の中に受けとめて、いつまでも伝道をしたいと思うのです。魂を慕い求める主イエスに、いつまでも水一滴でも差し上げたいと願うのです。十字架につけられた主の「わたしは渇く」と言われた叫び声を聞きなさい。

三十人の中で、ただ三人だけがこの声を聞きました。この部屋にいる三十人の中で三人だけでもこの叫びをお聞きになるならば、幸いです。

このときダビデはその兵士たちに水を持ってくるようにとは命じませんでした。主イエスも同じように、ご自分の兵士に伝道をせよとお命じになりません。これは熱心な兄弟姉妹もたびたび陥る誤りです。私たちは神の命令を受けたならば、どこそこの町に伝道しようと思います。神より特に命じられたならば、ここの村で説教しようと思います。けれども、それは間違っています。神はご自分の兵士にそういうことをお命じにはなりません。兵士の心の中に、「だれか、ベツレヘムの門にある井戸の水を飲ませてくれたらなあ」と叫ばれます。あるいは、イザヤ書六章八節の叫びをお聞かせになります。「だれを遣わそう。だれが、われわれのために行くだろう」と。神はイザヤに語られませんでした。けれどもイザヤはこの叫びを聞きました。

どなたが喜んで主のために、かの町やこの村へ伝道に行くのでしょうか。そこには主の慕われる魂が必ずいます。主は天国の栄光を獲得なさいましたが、それらの栄光にまさって、そこにいる卑しい者の魂を慕い求めておられます。どなたが喜んで主のために行くでしょうか。

兄弟姉妹よ。この叫びを聞きなさい。今この声を聞きなさい。ダビデの叫び声に聴き従った三人はどんな人たちだったでしょうか。これらの人たちはダビデが来るべき王であることを知っていました。神の選ばれた王であることを知っていました。それで進んでサウル王を捨てて、ダビデのところに来ました。自分の安全、財産、地位、家族など、すべてを捨てて喜んでダビデの卑しい洞穴へやって来ました。それはなぜかといえば、ダビデの栄光がその地を満たすことを待ち望んでいたからです。ダビデが来るべき王であることを堅く信じていたからです。それで、少しも疑わず、躊躇《ちゅうちょ》せずに、喜んでその洞穴に来たのです。

今までの栄華を捨てて、ダビデとともに苦しみと恥と貧困を得ることになりました。それは実に幸いなことでした。ダビデと親しく交わることができました。ダビデを愛する愛が次第に心に起こってきました。喜んで生命《いのち》をも捨てる心が起こってきました。喜んでダビデのために身も魂をもささげました。

兄弟姉妹よ。神の兵士よ。私たちそれぞれにこれと同じ精神がありますか。主イエスは来るべき王であることがわかりますか。それを確信することができますか。そのことが明確にわからなければ、私たちには本当の献身ができません。喜び勇んで人の魂を導く精神が起こってきません。力を尽くし、涙を流して伝道することができません。けれども、主が来るべき王であることが明確にわかるならば、身をささげて伝道することができるでしょう。

兄弟姉妹よ。私たちは本当にこの世を捨てた者でしょうか。サウル王に属していた昔の栄華を捨て、喜んでダビデの洞穴に来た者でしょうか。この世の快楽と名誉とを捨て、喜んで洞窟の中で主と共に苦しみを得たでしょうか。喜んでこの世の楽しみを捨て、主と共に来るべき栄光を待ち望んでいるでしょうか。どうですか。兄弟姉妹よ。この三人は実にそういう者でありました。

三人はダビデの声を聞きました。イザヤは神の御声を聞きました。パウロは主の御声を聞いて、すべてのものを投げ捨てて、喜んで国々を奔走し、主の渇きを癒《いや》すために、主に水を注ぎました。ここにおられる兄弟姉妹の中に、喜んで主の叫びを聞く三人がいるでしょうか。

ダビデの叫びを聞いた三人は、自分の愛する者の願いをかなえるために、困難を経なければなりませんでした。戦争を経て水を求めなければなりませんでした。自分のいる所と井戸の間には敵の軍勢がいます。その敵の間を通り抜けて水を汲《く》まなければなりませんでした。ちょうどそのように、皆さんと人々の魂の間には敵の軍勢が存在します。

伝道は決して安楽な働きではありません。まさに戦争です。皆さんは安楽な心のままに、また身の気軽なままに伝道をしたいと思いますか。もしそうならば、今すぐ伝道をおやめになるほうがよいかもしれません。伝道には必ず苦しみが伴います。戦争が伴います。十字架を負うことが伴います。敵に向かい、困難と危険なことに遭遇《そうぐう》します。私たちはそのように伝道をしなければ、井戸より水を汲《く》むことはできません。あるいは、表面的な信者を造ることができるかもしれません。または、立派な教会を建てることができるかもしれません。けれども、主の渇きを癒《いや》すことはできません。主に水をささげることはできません。

兄弟姉妹よ。皆さんは武具を着けて戦争に出ることができるでしょうか。今この変貌山を降りて、皆さんは悪魔に向かわねばなりません。この幸いな集会を終えて、隠岐、米子、境、今市、広瀬、浜田、大東など、それぞれの持ち場に帰らなければなりません。そこでは安らかな生涯を送ることはできません。悪魔と戦わなければなりません。今までの伝道はどうだったでしょうか。本当の戦いだったでしょうか。あるいは、義務ではなかったでしょうか。一週間、数回の訪問、数時間の説教だけにとどまりましたか。あるいは、本当の戦場でしたか。今までの伝道地は本当の戦場だったでしょうか。どうか、嘆き叫ばれる主の御前に自らを深く省みられることを望みます。

今この教職者会を閉じますが、皆さんはどういう目的を持って世に向かわれますか。このサムエル記第二、二三章一六節のような目的でしょうか。

「すると三人の勇士は、ペリシテ人の陣営を突き抜けて、ベツレヘムの門にある井戸から水を汲《く》み、それを携えてダビデのところに持って来た。」

どうですか。そういう精神をもって帰りますか。この三勇士のように剣を抜いて戦争に出る精神がありますか。いかがでしょうか。主イエスを愛する愛のためにこれをなす決心がありますか。残りの二十七人はこのことを愚かなことだと思ったかもしれません。けれども三人はダビデを愛する愛のために喜んで行きました。皆さんはいかがですか。「私たちは主のために行きましょう」と言うことができるでしょうか。私たちのために生命《いのち》を捨てられた主のために、戦場に出て悪魔と戦うことができるでしょうか。今までの安楽な伝道をやめ、悪魔と戦うことができるでしょうか。そこに三人の勇士の精神があれば、必ず勝利を得ると思います。この三人の精神はヨハネの黙示録一二章一一節の精神でした。

「彼らは死に至るまでもいのちを惜しまなかった。」

どうかこういう精神をもって伝道に行きたいものです。ピリピ人への手紙一章二〇節を見てください。

「それは私の切なる祈りと願いにかなっています。すなわち、……生きるにも死ぬにも私の身によって、キリストがあがめられることです。」

そのとおりにパウロは喜んで主の犠牲となりました。「注ぎの供え物」となりました(同二・一七)。

三人はその水を得るために、自分の血を流すようなことをしました。

「いのちをかけて行った人たちの血ではありませんか」(Ⅱサムエル二三・一七)。

表面的には血を流さなかったかもしれませんが、それほどのことを行いました。実にこれは尊いものです。人間の生命《いのち》のように尊いものです。神はこれを尊ばれました。兄弟姉妹よ。皆さんがこのとおりに死に至るまで生命《いのち》を惜しまずに伝道するならば、たとえ教会や信者の前に名誉を得なくても、皆さんの働き、皆さんの生涯は神の御前に流される、香りの良いぶどう酒となります。注ぎの供え物となります。

「注ぎの供え物となっても、私は喜びます」(ピリピ二・一七)。

パウロは神の犠牲の注ぎの供え物となるために、喜んで自分の血を注ぎました。兄弟姉妹よ。あなたはあなたのものではありません。いま主は義勇兵を招いておられます。民数記二八章二節を見てください。

「あなたがたは、わたしへのなだめのかおりの火によるささげ物として、わたしへの食物のささげ物を、定められた時に、気をつけてわたしにささげなければならない。」

神は火によるささげ物をお求めになります。その言葉の響きは恐ろしいものです。「一頭の子羊を朝ささげ」（同四節）、「それにつく注ぎのささげ物は子羊一頭につき四分の一ヒンとする。聖所で、**主**への注ぎのささげ物として強い酒を注ぎなさい」（七節）。

神はすでにご自分のために子羊を備えられました。その子羊は壇の上に載せられています。主はあなたのために生命《いのち》をお捨てになりました。主はこの世の魂のためにご自分を捨てられました。子羊はすでに壇の上に備えられてあります。けれども、これは全き供え物ではありません。神の御前において全き供え物ではありません。これに、七節にある「注ぎのささげ物」を加えなければなりません。子羊の上に自分の生命《いのち》の血を流して神の御前に全きささげ物としなければなりません。屠《ほふ》られた子羊を見てください。至聖所に入って流される血を見てください。皆さんはその上に自分の血を流して、主の御前に、父なる神の御前に注ぎのささげ物をささげてください。

真のイスラエルの人ナタナエル

ヨハネの福音書一章四三節から五一節をお読みします。

　その翌日、イエスはガリラヤに行こうとされた。そして、ピリポを見つけて「わたしに従って来なさい」と言われた。ピリポは、ベツサイダの人で、アンデレやペテロと同じ町の出身であった。彼はナタナエルを見つけて言った。「私たちは、モーセが律法の中に書き、預言者たちも書いている方に会いました。ナザレの人で、ヨセフの子イエスです。」ナタナエルは彼に言った。「ナザレから何の良いものが出るだろう。」ピリポは言った。「来て、そして、見なさい。」イエスはナタナエルが自分のほうに来るのを見て、彼について言われた。「これこそ、ほんとうのイスラエル人だ。彼のうちには偽りがない。」ナタナエルはイエスに言った。「どうして私をご存じなのですか。」イエスは言われた。「わたしは、ピリポがあなたを呼ぶ前に、あなたがいちじくの木の下にいるのを見たのです。」 ナタナエルは答えた。「先生。あなたは神の子です。あなたはイスラエルの王です。」 イエスは答えて言われた。「あなたがいちじくの木の下にいるのを見た、とわたしが言ったので、あなたは信じるのですか。あなたは、それよりもさらに大きなことを見ることになります。」 そして言われた。「まことに、まことに、あなたがたに告げます。天が開けて、神の御使いたちが人の子の上を上り下りするのを、あなたがたはいまに見ます。」

「天が開けて、神の御使いたちが人の子の上を上り下りするのを、あなたがたはいまに見ます」との句は、原語では「この時より天が開いて、神の御使いたちが人の子の上を上り下りするのを、あなたがたは見ます」との意味です。私たちは信仰によってこの約束を受け入れるならば、この時より、すなわち今から、天が開かれることを見ることができます。「それよりもさらに大きなことをみることになります」（五〇節）とありますが、兄弟姉妹よ、私たちはこのことを信じているでしょうか。

この集会に来られた目的は何でしょうか。愛する兄弟姉妹と交わりの時を持つためですか。いいえ、今までに経験しなかった神の恵みを味わいたいからでしょう。神はこの集いによって新たな生命《いのち》を与えたいと願っておられます。新たな生涯を与えたいと思っておられます。私たちにこれまで経験しなかった喜びと愛と力とを与えたいと願っておられます。今まで私たちが経験しなかった天国の幻を見せたいと思っておられます。神はたびたび、ご自分の愛する者にこうしたことを約束なさいました。私たちはたびたびそのことを聞きました。けれども、心の中で神の約束を制限し、今までの経験のみで満足しています。神はいつも私たちの信仰を呼び起こすことを望んでおられます。今まで私たちの経験しなかったことを見せたいと思っておられます。

イザヤ書四八章六節を見てください。

「わたしは今から、新しい事、あなたの知らない秘め事をあなたに聞かせよう。」

実に驚くべき約束ではありませんか。私たちはわずか十分間でも神の御前にひざまずいてこの約束を味わったことがあるでしょうか。あるいは、この約束の恵みをいただけるように祈ったことがあるでしょうか。「あなたの知らない秘め事をあなたに聞かせよう」。どうか他のことをすべて忘れても、この一事を心の中に受け入れなさい。

また、エレミヤ書三三章三節を見てください。

「わたしを呼べ。そうすれば、わたしは、あなたに答え、あなたの知らない、理解を越えた大いなる事を、あなたに告げよう。」

神の御声を聞きなさい。神の約束を受け入れなさい。神はご自分の民に教えたいと願っておられます。私たちに天国の奥義を示したいと思っておられます。ひたすら「わたしを呼べ」、ただこれのみを努めるときに、神は私たちにこの大きな約束を成就してくださいます。

ミカ書七章一五節を見てください。

「あなたがエジプトの国から出た日のように、わたしは奇《くす》しいわざを彼に見せよう。」

神はイスラエルに不思議なことを示されました。現にその人たちの眼の前に大きな力を現されました。すばらしいみわざを示されました。エジプトから導き出した時と同じ恵み、同じ力を私たちにも見せてくださいました。

けれども、神はもう一度同じように不思議な恵みを与えたいと願っておられます。私たちがこれまで経験した恵みは、神の恵みのすべてではありません。神は私たちに新しい恵みを別に示したいと考えておられます。ヨハネの福音書において主イエスは三度、私たちに同じ約束を与えてくださいました。五章二〇節を見てください。

「これよりもさらに大きなわざを子に示されます。」

主はこの望みをお持ちになりました。弟子たちも主によって神のさらに大きなわざを目にしました。

一四章一二節に、こうあります。

「またそれよりもさらに大きなわざを行います。」

主は天にある権威をすべてお受けになりました。それで私たちにもこれほどの力を与えることがおできになります。

兄弟姉妹よ。厳粛にこの言葉を聞きなさい。これまでの経験ははたしてどんなものだったでしょうか。ごくわずかな経験ではなかったでしょうか。どうでしょうか。心の中で感謝の歌を歌うことができない経験ではなかったでしょうか。力のない、喜びのない、平安の少ない経験ではなかったでしょうか。神は新しいことをなすことを望んでおられます。皆さんに対して新しい恵み、新しいみわざを示したいと願っておられます。目を上げ、信仰を起こして、神の大きなみわざを待ち望みなさい。神の約束に依り頼んで、今まで経験しなかった恵みを待ち望みなさい。

神はここでどのようにしてその恵みを与えると示されたでしょうか。ヨハネの福音書一章五一節をもう一度見てください。「天が開けて」、天が開かれることによってです。これは実に大きなことです。実に幸いなことです。私たちの祈りよりも大いなることではありませんか。私たちの思いよりも幸いなことではありませんか。「天が開けて」、静かにこの言葉の深い意味を考えてみましょう。

私たちは未来においてのみ天国に入るのではありません。今でも天国の幸いを経験することができます。天国のすばらしい音楽を聴くことができます。今でも神の静かな御声を聞くことができます。神は私たちにこの大きな約束を与えてくださいました。どうぞ今までの経験で神の約束を制限しないように気をつけなさい。

「天が開けて」、私たちは神と直接に交わることができます。絶えず神を見て、恵みをいただくことができます。いつも神の御顔の光のうちを歩くことができます。神の御前に出て祈りをささげ、祈りの生涯を送ることができます。「絶えず祈りなさい」(Iテサロニケ五・一七)という命令は、ただ言葉で祈るということではありません。心の中で神に近づくことを意味します。絶えず心の中で神の御前に立つこと、神の御前に歩くこと、神の御前に働くこと、神の御前にいることを示します。天が開かれれば、難しくて、とうてい守れないような戒めも容易に守ることができます。

「天が開けて」、主はヤコブの夢の深い意味を説き明かしてくださいました。ヤコブは夢を見たことによって、ひと時、天が開かれることを見ました。けれども、主の説明された約束の恵みはそういう恵みではありません。ただひと時、たとえばこの教職者会の時だけ天が開かれるというのではなく、今より後、絶えず天が開かれるということです。皆さんは絶えず開かれた天の光の中に暮らすことができるのです。今から天国の事実を見ることができます。これは平常の経験とは異なることです。神の不思

「もし、あなたが、あなたの神、主の御声によく聞き従い、私が、きょう、あなたに命じる主のすべての命令を守り行うなら、あなたの神、主は、地のすべての国々の上にあなたを高くあげられよう」（申命二八・一）。

「主は、その恵みの倉、天を開き、時にかなって雨をあなたの地に与え、あなたのすべての手のわざを祝福される」（同一二節）。

天が開かれれば、このとおりに天の宝を得ることができます。愛の宝、光の宝を受けることができます。神の恵みの大雨を得て、心が潤されます。また自分だけではなく他の人々にも恵みの宝を分かち与えることができます。実に幸いなことです。天が開かれれば、実に幸いです。幸いな生涯を送ることができます。神は私たちにこの恵みを与えようと願っておられます。私たちがこの恵みを得るならば、どういう結果が生まれるでしょうか。

第一の結果はエゼキエル書一章一節にあります。

「天が開け、私は神々しい幻を見た。」

神は私たちにこの恵みを与えたいと望んでおられます。ヨブ記四二章五節を見てください。

「私はあなたのうわさを耳で聞いていました。しかし、今、この目であなたを見ました。」

それまでヨブは熱心に神に仕えたいと思っていました。神の姿を見たいと願っていました。けれども、天が閉じられていたため、他人の話を聞くことによって神を愛し、また仕えていました。熱心な預言者の言葉を聞いて、それによって神に従っていました。けれども今は「この目であなたを見ました」。これは幸いなことではありませんか。エゼキエル書一章一節のように、天が開けて神の神々しい幻を見ることができました。

兄弟姉妹よ。私たちにはどちらの経験がありますか。神の幻を見ましたか。どうですか。目をもって神を見るならば、神の聖なることがわかります。イザヤのように神の聖なることを見ます。モーセのように神の深い恵みを見ます。あるいは、パトモスにいたヨハネのように神の恐ろしい御力を見ることができます。「天が開け、私は神々しい幻を見た」、これは第一の結果です。

第二は、ルカの福音書三章二一～二二節を見てください。「天が開け、聖霊が、鳩のような形をして、自分の上に下られるのをご覧になった」、すなわち、聖霊が降ることです。ペンテコステの日に天が開かれて、聖霊が降りました。私たちの上にも天が開かれるならば、必ず聖霊が降られます。天が開かれるならば、聖霊が大水のように降ります。これは幸いなことではありませんか。私たちはこれによって天国を経験することができるのです。ヘブル人への手紙一〇章一九節のように、至聖所に入ることができます。

エゼキエルやヨブのように神の幻を見るならば幸いです。けれども、ペンテコステの出来事はこれよりもさらに幸いではないでしょうか。ただ神の栄光を見るだけならば、恐ろしいばかりです。けれども、神の聖と愛とを見るならば、実に幸いなことです。天が開かれるならば、神を見るのみならず、神を受けることもできます。すなわち聖霊を受けます。私たちは天国を受けます。

第三には、ヨハネの黙示録一九章一一節です。

「また、私は開かれた天を見た。見よ。白い馬がいる。それに乗った方は、『忠実また真実』と呼ばれる方であり、義をもってさばきをし、戦いをされる。」

天が開かれない間は、このような主を見ることはできません。かえって、今この地の上に貧しく卑しい主イエスを見ます。人間に侮られている方を見ます。人間の目の前にただ卑しく扱われていることを見ます。ある伝道者はこのような有様を見て失望し、最初の肉に属する時の状態に返り、世に属する職業に転じました。これは彼がよく主を見ていなかったからです。

けれども、天が開かれるならば、主の本当の栄光と力とを見ることができます。今、表面上伝道が失敗であるかのように見えても、いま読んだヨハネの黙示録の言葉のような主の力を見ることができます。主が義をもって審判と戦いをなされることを見ます。主が白馬に乗って戦いに勝利を得られることを見ます。どうぞそれを見てください。

天が開かれない間は、主を助けなければならないというような気負いが私たちにはあります。そして力を尽くし身をもがいて、主の弱いところを補おうとします。たとえ口ではそう言わなくても、心の底でそういった思いがあります。けれども、天が開かれるならば、主が白馬に乗って勝利を得られることを見ます。ですから、ただ静かに主に従いたいと思います。表面にいかなるものが見えても、失敗のみが見えても、どうぞ自分を見ないで、目を上げて主の栄光を見てください。主はここにあるとおり、今も戦いに出てくださいます。列王記第二、六章一七節を見てください。

「彼が見ると、なんと、火の馬と戦車がエリシャを取り巻いて山に満ちていた。」

私たちは、天が開かれない間は、この若者のように神の力を見ることはできません。けれども、天が開かれるならば、エリシャのように私たちの周囲にも神の力、神の栄光が満ちているのを見ることができます。

第四に、天が開かれるならば、神の約束を見ることができます。ヨハネの黙示録一一章一九節を見てください。天が開かれない間は、ただ約束の文章だけを見ます。けれども天が開かれれば、天の光の中に神の約束を見ることができます。皆さんにはそうした経験があったでしょうか。聖書を読むときに、天の光のもとに聖書を見ます。そして、その恵みを受けることができます。天の光の中で聖書を見るときに、初めて神の約束を自分のものとして受けることができます。モーセの建てた幕屋の中の至聖所には、世に属する光がありませんでしたから、ただ闇ばかりでした。けれども天が開かれて、ひとたび神の栄光が輝き出たとき、至聖所はその光で満たされました。そしてその光のもとで十戒を読むことができました。

私たちも、天が開かれるならば、その天の光の下で神の言葉を読むことができます。そして明らかに神の約束を見ることができます。またそのように神の言葉を見るならば、それから後、疑うことができません。人間に教えられても、神の恵みを受けることはできます。けれども時に恐れと疑いが起こってきます。これはただ他人の目を借りて神の約束を見たからです。これも幸いです。人間に教えられて神の恵みを受けることも確かに幸いです。けれども、天の光の中で直に神の約束を見るならば、絶えずその約束を自分のものとして受けます。恐れと疑いは少しもありません。聖霊がそれを教えられたので、心の底まで染み通ったからです。兄弟姉妹よ。神は私たちにそういう経験を与えたいと願っておられるのです。

①神々しい幻を見ること、②聖霊の降ること、③キリストの力を見ること、④神の約束を見ること。

こうした事を私たちに得させたいと神は願っておられます。天が開かれるならば、必ずこの恵みをいただきます。私たちはこれまでたびたび耳でこういうことを聞きましたが、実際に見たことがありますか。兄弟姉妹よ。どうぞご自分の心を省みてください。私は皆さんの心を判断することはできません。自ら省みて自分の心を判断してください。

神は何のために罪人に天を開かれるのでしょうか。創世記三章二四節で神は天をお閉じになりました。これはただ刑罰だけのためではありませんでした。人間に対する愛のためです。けれども、今一度天が開かれます。すなわち、主イエスのためにもう一度天が開かれるのです。ヨハネの福音書一章五一節を見てください。主のために神はその門をお開きになりました。主はご自分の胸に「炎の剣」の傷を受けられました。主の流された血潮のゆえに天が罪人のために開かれました。私たちは主によってこの大きな恵みをいただくことができます。

今一つのたとえを借りて言うならば、主イエスは梯子《はしご》です。天と地の間の梯子《はしご》です。主は私たちの足もとにまで降ってくださいました。これはなんと幸いではありませんか。ヨハネの福音書四章を見ると、この梯子《はしご》はサマリヤの女性の足もとまで降りました。彼女を天国に上らせるために、その足もとにまで降ったのです。

ハレルヤ、兄弟姉妹よ。皆さんは自分をこの女性よりも正しいと言えるでしょうか。まさに同じ人です。けれども主イエスは皆さんの足もとにまで自らを卑くされました。皆さんを天国に上らせるためにご自分を卑くなさいました。主は降って来られたばかりではありません。昇られました。それゆえに、私たちは主によって天の位に上ることができるのです。私たちの梯子《はしご》である主は、神の御座に着いておられます。そこですべての権威を持っておられます。私たちもこの梯子《はしご》によってそこまで上ることができます。なんと幸いなことではありませんか。自分の思いよりも、自分の信仰よりもまさった恵みではありませんか。

主によって天が開かれました。だれがこの経験をしましたか。前に申しましたように、罪人にはこの経験はありません。また信者がみなこの経験にあずかっているとは限りません。ナタナエルだけがこの経験をしました。あなたがナタナエルのようであるならば、この経験をすることができるのです。

ナタナエルはどんな人だったでしょうか。

第一に、「彼のうちに偽りがない」とあります（ヨハネ一・四七）。主は詩篇三二篇一～五節を通して言われました。「幸いなことよ。そのそむきを赦《ゆる》され、罪をおおわれた人は」（二節）。それは、罪を告白して赦《ゆる》された者を意味します。もしも罪を告白せず、心の中に罪を隠すならば、「偽りがない」者ではなく神の前に偽る人です。けれども「私は、自分の罪を、あなたに知らせ、私の咎《とが》を隠しませんでした」（五節）。ここにおいて初めて「偽りがない」者となることができます。ナタナエルはそのように自分の罪をことごとく神に言い表しました。少しも自分の罪を隠しませんでした。自分が罪人であることを悟り、嘆き悲しんで神に告白をしました。その時に神は罪の赦《ゆる》しを与えてくださいました。それでナタナエルは神と平和を得ることができました。自分が救いを得たと確信を抱くことができました。天が開かれる経験を得たいと思うならば、そのように罪を言い表して神の赦《ゆる》しを得なければなりません。

第二に、「あなたがいちじくの木の下にいるのを見たのです」（ヨハネ一・四八）。この恵みを得る者はひそかに神を求める者です。隠れたままで神を求める者です。兄弟姉妹よ。説教することは実にたやすいことです。公に祈りをささげることも簡単なことです。けれどもあなたは、ひそかに神を求めていますか。心の中で説教をしますか。

人間の目の前でなく、ひとり閑静《かんせい》な所で神を求めますか。神は私たちにそういう精神を与えようとしておられます。

伝道者の陥りやすい誤りは公の伝道です。人間の前に自分を出すことです。これは私たちの陥りやすい罪です。神は私たちをナタナエルのようにしたいと望んでおられます。静かにいちじくの木の下で神を求めることを願われます。兄弟姉妹よ。いつも皆さんが行かれるいちじくの木がありますか。ナタナエルのようにひそかに神を求めた経験がありますか。皆さんはそこでひとりでいたとしても、実のところひとりではありません。主はあなたと共にいてくださいます。ナタナエルのように砕けた心をもって神を求めるならば、主と共に美しい交わりを得ることができます。雅歌七章一二節を見てください。

「そこで私の愛をあなたにささげましょう。」

このように主の恵みを得ることができます。主の栄えを見ることができます。いちじくの木の下で主を求めるならば、あなたの上に必ず天が開かれます。

第三に、「あなたが……いるのを見たのです」（ヨハネ一・四八）。ナタナエルは、天が開かれたことを見ないうちに主に見られました。主の目の光はナタナエルをすべて見通されました。ナタナエルにはそれがわかりませんでした。

私たちが天国を見たいと思うならば、まず自分が主に見られなければなりません。
詩篇一三九篇一～六節を見てください。
「主よ。あなたは私を探り、
私を知っておられます。
あなたこそは私のすわるのも、
立つのも知っておられ、
私の思いを遠くから読み取られます。
あなたは私の歩みと私の伏すのを見守り、
私の道をことごとく知っておられます。
ことばが私の舌にのぼる前に、
なんと主よ、
あなたはそれをことごとく知っておられます。
あなたは前からうしろから私を取り囲み、
御手を私の上に置かれました。
そのような知識は私にとって
あまりにも不思議、

あまりにも高くて、及びもつきません。」

兄弟姉妹よ。このように神に見られたということがありますか。神に見られたと確信することができますか。教義の上ではわかるでしょう。けれども実際にそれがわかりますか。本当にこのように見られたことがわかりますか。私たちが天国を見たいと思うならば、まず神に見られることを承知しておかなければなりません。

第四に、「あなたは神の子です」（ヨハネ一・四九）。ナタナエルは主を拝しました。主イエスが神であること、王であることがわかりました。これは、ナタナエルが身も魂も主にささげたという意味です。主イエスが自分の全き救い主であることがわかったのです。

兄弟姉妹よ。私たちはナタナエルのような人であるならば、天が開かれます。主イエスの血によって、皆さんと天国との間の障壁はすべてなくなります。主の血によって、二つの間の妨害となるものはみな取り去られます。いま信仰をもって神の御顔を見てください。主イエスを見てください。天の光を受けなさい。聖霊を受けなさい。

金の燭台

旧約聖書ゼカリヤ書四章一節から六節までをお開きください。

私と話していた御使いが戻って来て、私を呼びさましたので、私は眠りからさまされた人のようであった。彼は私に言った。「あなたは何を見ているのか。」そこで私は答えた。「私が見ますと、全体が金でできている一つの燭台があります。その上部には、鉢があり、その鉢の上には七つのともしび皿があり、この上部にあるともしび皿には、それぞれ七つの管がついています。また、そのそばには二本のオリーブの木があり、一本はこの鉢の右に、他の一本はその左にあります。」さらに私は、私と話していた御使いにこう言った。「主よ。これらは何ですか。」私と話していた御使いが答えて言った。「あなたは、これらが何か知らないのか。」私は言った。「主よ。知りません。」すると彼は、私に答えてこう言った。「これは、ゼルバベルへの主のことばだ。『権力によらず、能力によらず、わたしの霊によって』と万軍の主は仰せられる。」

今晩は、聖霊に満たされた者の生涯はどんなものであるか、そして、どのようにして神の御恵みと神の御光を続けていただくことができるかについて、お話ししたいと思います。

もう一度ゼカリヤ書四章を見てください。

「私と話していた御使いが戻って来て、私を呼びさましたので、私は眠りからさまされた人のようであった」(一節)。

私たちが眠っている者であるならば、神が今晩私たちを呼びさましてくださることを願います。私たちがただ目に見える表面のことだけに心を奪われて、まだ真実を見ることができないのであれば、神が今晩私たちを呼びさましてくださることを望みます。もしも眠っていて、夢を見、その夢を現実のものであるかのように錯覚しているならば、神に呼びさまされて、真実を体験したいものです。現世とその栄華はみな過ぎ去ります。それに心を奪われて、眠っている者のようであるならば、今、神に呼びさまされて真実を見たいものです。

「彼は私に言った。『あなたは何を見ているのか。』 そこで私は答えた。『私が見ますと、全体が金でできている一つの燭台があります。その上部には、鉢があり、その鉢の上には七つのともしび皿があり、この上部にあるともしび皿には、それぞれ七つの管がついています。また、そのそばには二本のオリーブの木があり、一本はこの鉢の右に、他の一本はその左にあります。』 さらに私は、私と話していた御使いにこう言った。『主よ。これらは何ですか。』 私と話していた御使いが答えて言った。『あなたは、これらが何か知らないのか。』 私は言った。『主よ。知りません。』 すると彼は、私に答えてこう言った。『これは、ゼルバベルへの主のことばだ。「権力によらず、能力によらず、わたしの霊によって」と万軍の主は仰せられる』」(二～六節)。

明らかにゼカリヤはこのことを見ることができました。それを説明することができました。二節、三節を見ると、明らかに彼はそれを見たことがわかります。けれどもその深い意味がわかりませんでしたから、天の御使いにそれを尋ねました。そして「主よ。(私は)知りません」と言いました。

兄弟姉妹よ。私たちはたびたび、神の真理を頭脳で悟ることができると、あるいは口でそれを説明することができると、それで満足してしまいます。けれどもそれは、その深い意味を心の中で経験することではありません。兄弟姉妹に教えられて、聖書について明らかになるかもしれません。けれどもそれは、まだ真実に心の中で経験したことではありません。潔《きよ》い心についての教えが明確にわかることがあります。それに関して聖書の引照ができるでしょう。けれども、心の中にそれを受け入れない人もいるのではないでしょうか。だれでも、聖霊のことについて、聖霊のバプテスマについて、神の真理を知ることができると思っています。けれども、それを経験した者は、ここにいるどなたとどなたでしょうか。今晩、謙遜をもって「主よ。(私は)知りません」と言うことができますか。

私たちは二節、三節のように、その絵を見ることができます。他の兄弟姉妹にも言い表すことができます。けれども心の中で「それはまだ本当に経験していません」と、へりくだって言うことができるでしょうか。たとい頭ではそれがわかり、聖書の引照ができても、「このような栄えある喜び、思いに超えた平安を、わが主よ、知りません」と言うことができるでしょうか。今晩、謙遜をもって天の御使いの前にそれを言い表すことができるでしょうか。

ゼカリヤは御使いの前でそれを言い表しました。ですから、天の御使いが御霊によってそれを説明することができました。神の霊は私たちにも、それを説明してくださることを信じます。神はゼルバベルにこのすばらしい幻をお与えになりました。それは、ゼルバベルを金の燭台としたいと願われたからです。燃やして光を与える者とならせたかったからです。

神は時にそのようになさいます。モーセを燃える柴にしたいと思い、燃える柴をお見せになりました。モーセは霊によってそれを見て、その心が燃える柴のようになりました。その時以来、モーセの心の中に絶えず火が燃えて消えませんでした。どのようなことがあっても、いかなる時にも、その火はモーセの心の中で消えませんでした。それは、その火が活きる主であるからです。

ちょうどそれと同じように、神はゼルバベルに霊の力、霊の光を与えようと、この幻をお見せになりました。ゼルバベルの目の前に光る灯をお見せになりました。神は時に私たちにこういう絵、こういう幻をお示しになります。それは私たちをそのようにしたいと望まれるからです。神は今晩もう一度、このところで私たちにこのすばらしい幻を示してくださいます。今晩、私たちを燃えて光る灯にしようとしておられます。

第一に、二節を見ると、「金でできている燭台」があります。私たちはそのような性質を持っています。この燭台は潔《きよ》く貴いものです。私たちは新生によって潔《きよ》く貴い性質をいただきました。天に属する性質を神より与えられました。「金」は天に属するものを指す言葉です。私たちはヨハネの黙示録で天国について読むときに、いつも

「金」という言葉を見ます。けれども、「金でできている燭台」それだけでは、どんな光も発することはできません。私たち新たに生まれた者はみな天に属する者ですが、燃やされていないならば、光を出すことができないのです。

兄弟姉妹よ。神は天に属する者を用いて、これに火をともされます。燭台だけであるならば、闇を照らすことができません。伝道者もただ天に属する性質を得ただけで、霊の火が燃えないならば、ペンテコステの火がつかないならば、周囲の闇を少しも追い出すことができません。たとい伝道の場にとどまっても、それは神の栄えとはなりません。全く無益です。私たちは自分の力で光を照らすことはできません。いま読んだ六節のように、「権力によらず、能力によらず、わたしの霊によって」であります。

兄弟姉妹よ。皆さんが自分の権力を用いて、自分の能力を用いて、伝道をしようと思うならば、それは大きな誤りです。そういう伝道で罪人を救うことはできません。それは神の栄えを現す伝道ではありません。ただ自分の名を現す伝道にすぎません。「権力によらず、能力によらず、わたしの霊によって」。神は私たちに絶えず霊を与えたいと願っておられます。私たちは絶えず神より霊をいただくことができます。

私たちはこの教職者会に集まって、豊かに霊をいただきました。またそのために神に感謝しました。あるいは、各自隠れた所で御霊のバプテスマを受けました。そのことを神に感謝しました。けれども神はただそういう機会ばかりでなく、絶えず私たちに天の霊の油を注ぎたいと願っておられます。この燭台は絶えず金の油を受けました。

「全体が金でできている一つの燭台があります。その上部には、鉢があり、その鉢の上には七つのともしび皿があり、この上部にあるともしび皿には、それぞれ七つの管がついています。また、そのそばには二本のオリーブの木があり、一本はこの鉢の右に、他の一本はその左にあります」（二～三節）。

一二節も見てください。

「二本の金の管によって油をそそぎ出すこのオリーブの二本の枝……。」

両側にオリーブの木があり、その木から油が注がれました。オリーブの木から一番貴い油が造られます。油はオリーブの木の一番良い産物です。それで、常にこのともしびが灯されます。生きた木より油を注がれて、絶えず光を照らしています。

兄弟姉妹よ。神は、皆さんの心の中に絶えず絶えず活きる霊を注ぐことがおできになります。皆さんが主とともにあるときに、皆さんの心の中に絶えず霊を注ぐことがおできになります。皆さんは常に新しい恵みを受けて、光を照らすことができます。私たちと共にある主は、私たちのオリーブの木です。私たちは、主から出る霊を絶えずいただくことができます。油はオリーブの木の産物であるように、霊は主の産物です。ですから、主と共にある私たちに霊が流れて入ります。私たちはこの金の油を絶えず受けることができます。

「私の敵の前で、あなたは私のために食事をととのえ、私の頭に油をそそいでくださいます。私の杯は、あふれています」（詩篇二三・五）。

神は私たちに、あふれるほどの恵みを与えてくださいます。これはひとり静かにしている時だけではありません。敵の前でもあふれるばかりに、私たちに恵みを与えてくださいます。

「川がある。その流れは、いと高き方の聖なる住まい、神の都を喜ばせる」（詩篇四六・四）。

この川は霊の川です。ですから、「それゆえ、われらは恐れない。たとい、地は変わり山々が海のまなかに移ろうとも。たとい、その水が立ち騒ぎ、あわだっても、その水かさが増して山々が揺れ動いても」（同二～三節）。どんなに騒乱があっても、静かに神の川は流れていますから、絶えず心の中に神の恵みをいただくことができます。

「あなたは、地を訪れ、水を注ぎ、これを大いに豊かにされます。神の川は水で満ちています。あなたは、こうして地の下ごしらえをし、彼らの穀物を作ってくださいます」（同六五・九）。

ですから、いつもあふれるほどの恵みをいただくことができます。神の川に水が満ちています。

「踊りながら歌う者は、『私の泉はことごとく、あなたにある』と言おう」（同八七・七）。

私の喜びの泉はあなたの中にあり、私の平安の泉はあなたの中にあり、私の力の泉は神にあり、私の謙遜の泉は神にあり、私のもろもろの泉はあなたの中にあるというのです。ハレルヤ。ハレルヤ。

「私に新しい油をそそがれました」（同九二・一〇）。

感謝します。神の恵みを感謝します。詩篇を見ると、どこにでも同じ恵みを見ることができます。神はご自分の聖徒に絶えずあふれるほどの恵みを与えると約束しておられます。いつもご自分の燭台に新しい油を注ぎ、光るともしびとすることがおできになります。私たちの心の中に飢え渇きがあるならば、心の中に恵みが乏しいのであるならば、それは自らの問題です。心の中に喜びがなく、平安がなく、力がなければ、それは自分の問題です。おお、神の川に水が満ちています。神は新しい油を私たちに注ぐことを願っておられます。

今たとえでこのことを見たいと思います。レビ記二四章一～四節を見てください。

「ともしびを絶えずともしておきなさい」(同二節参照)。これはだれの責任かといえば、アロンの責任でした。聖所の金の燭台を絶えずともすことはだれの責任かといえば、私たちのアロンの責任です。私たちの大祭司である主イエスの責任です。兄弟姉妹よ。皆さんは神の神殿の燭台です。神の聖所に置かれた主にある金の燭台です。ですから、大祭司である主イエスは絶対にその責任を怠ることはありません。私たちは絶えず新しい油をいただくことができるのです。

けれどもゼカリヤ書四章二節を見ると、オリーブの木よりともしび皿に至るまで七つの管があります。もしこの管がつまれば、ともしびは油がなくなるので、必ず消えてしまいます。

兄弟姉妹よ。主は忠実な方です。常にあふれるほどの恵みを与えてくださいます。けれども、皆さんと主との間の管がつまっていることはありませんか。どうでしょうか。主との間に全く隔てがないならば、私たちは豊かな恵みをいただくことができます。けれども、私たちに罪があるならば、怠りがあるならば、いまだ赦《ゆる》されない罪があるならば、兄弟姉妹との間に隔てがあるならば、そのために神の恵みを受けることができません。これらのことのために管がつまっているならば、神の新しい油は途中で止まってしまいますから、新しい恵みを受けることができません。常に光を照らすことができません。

兄弟姉妹よ。どうやってこのつまっている管を開くことができるでしょうか。また、どのようにして常に開いておくことができるでしょうか。

①聖別　マタイの福音書三章一〇節を見てください。

「斧もすでに木の根元に置かれています。だから、良い実を結ばない木は、みな切り倒されて、火に投げ込まれます。」

イスラエル人は当時十分の一を神にささげていないために、神の恵みが止まってしまいました。けれども、それをささげることによって神はあふれる恵みを与えると約束してくださいました。私たちは、今まで怠っていたささげ物を神にささげるならば、神はその妨げを取り除いて、もう一度あふれるほどの恵みを与えることがおできになります。

あなたの魂は渇いていますか。近ごろ全く潤いがないということはありませんか。どうぞその原因を捜してください。主は本当に忠実なお方です。絶えず油を注いでくださいます。もしも油が途中で止まっているならば、それは皆さんに罪があるからです。あるいは、このイスラエル人のようにささげ物を怠ったゆえではないでしょうか。日々活きた供え物を神にささげないからではないでしょうか。どうか神の御前に自分をささげて、全く聖別されましょう。

②信仰　ルカの福音書一一章三四節を見てください。

「からだのあかりは、あなたの目です。目が健全なら、あなたの全身も明るいが、しかし、目が悪いと、からだも暗くなります。」

このことを経験しましたか。このことを確かに経験しましたか。私たちの目が暗くなっていれば、ともしびは消え、全身暗くなってしまいます。けれども、真心をもって身も魂も神にささげるならば、全身が明るくなります。燃えて光る神のともしびとなることができます。しかし、罪があるならば、恵みの管が詰まります。私たちが不信仰のために神の恵みを信じないならば、神の愛を断るならば、神は自分に恵みを与えることはないと思ってしまうならば、神の恵みは詰まってしまいます。どうか信仰をもって心の目が明らかになることを求めてください。

③祈り　私たちが祈りを怠れば、そのために管がつまってしまいます。常に管が開かれて、神の油をいつも受けたいと願うならば、祈りを怠ってはなりません。神の御前に絶えず祈らなければなりません。私たちは祈りを怠るならば、あるいは、祈りが冷たくなるならば、あるいは、漠然とした頭の中だけの祈りにとどまるならば、神の恵みをいただくことができません。けれども、真心をもっていつも祈るならば、必ず

管が潔《きよ》められて、主とあなたとの間に隔てがなくなり、新しく活きた油を受けることができます。その燭台の真ん中にあるともしび皿は、いつも金の油に満たされています。

また、このともしび皿は私たちの心を指します。私たちはいま述べたような状態にあるならば、私たちの心はいつでも満たされています。霊に満たされます。喜びに満たされます。神の恵みに満たされます。知恵と悟りに満たされます。絶えず神の新たな恵みを受けて、私たちの心は満たされます。けれども、このともしび皿も潔《きよ》められなければなりません。油を入れる器が汚れているならば、ともしびをきれいにともすことができません。このともしび皿は絶えず潔《きよ》められなければなりません。

兄弟姉妹よ。どうぞあなたの心を守りなさい。悪魔があなたの心の中に悪い考えを送るならば、その時あなたの光は消えてしまいます。けれども、絶えず管より油を注がれ、ともしび皿が潔《きよ》くあるならば、ともしびは神のために常に光を放つことができます。どんな時でも、この暗黒の世の中に神の光を照らすことができます。ヨハネの黙示録四章五節を見てください。

「御座からいなずまと声と雷鳴が起こった。七つのともしびが御座の前で燃えていた。神の七つの御霊である。」

天国の光、天国の熱、天国の愛の源が何であるかといえば、それは霊です。霊はまたこの暗い地の上にも宿ることを願っておられます。霊は私たちを、この地上のともしびとしたいと思っておられます。あたかもご自分が天国のともしびであるように、私たちを地上のともしびにしたいと願っておられます。

兄弟姉妹よ。私たちはこの貴き恵みをいただくことができます。どうか霊を受けて、この暗い地の上に絶えず天の光を照らしてください。イザヤ書六一章一～三節を見てください。

「神である主の霊が、わたしの上にある。……彼らは、義の樫の木、栄光を現す主の植木と呼ばれよう。」

私たちは神のともしびをともすことができます。そのような働きができます。この世の中に、喜び、慰め、自由、救いを与える働きができます。兄弟姉妹よ。あなたは常に光を放つ神の金の燭台となることを願いませんか。

それでは、だれがこの燭台に火をつけるのかというならば、大祭司です。私たちの大祭司は、毎日毎日この金の燭台を顧み、火を妨げるものをすべて取り除き、新しい火をおつけになります。

兄弟姉妹よ。キリストの弟子たちは金の燭台でした。けれども、ペンテコステの日まで全く光を放つことができませんでした。復活の主はその真ん中に立ち、「聖霊を受けなさい」(ヨハネ二〇・二二)とお命じになりました。その時の燭台は油を受けることができました。けれども、まだ何事もできませんでした。福音を宣べ伝えることができませんでした。暗黒の中に光を照らすことができませんでした。金の燭台に油はすでに注がれました、けれども、火がまだつきません。ペンテコステの日になって初めて炎のような火が降りました。弟子たちはみな「炎のような分かれた舌」を受けて、神の燭台がともされました。

兄弟姉妹よ。どうか今から絶えず絶えず、燃えて光る燭台となりたいと思います。私たちはただ新たに生まれるだけではありません。霊の油を受けるのみではありません。霊の火を受けなければなりません。いま大祭司は金の燭台の真ん中に立ってくださいます。

「それらの燭台の真ん中には、人の子のような方が見えた」(黙示録一・一三)。

おお、燭台の中に主は立ってくださいます。今晩、私たちのともしびを照らすために主はこの真ん中に立ってくださいます。民数記八章一~三節を見てください。

「主はモーセに告げて仰せられた。『アロンに告げて言え。あなたがともしび皿を上げるときは、七つのともしび皿が燭台の前を照らすようにしなさい。』アロンはそのようにした。主がモーセに命じられたとおりに、前に向けて燭台のともしび皿を、取りつけた。」

今晩、大祭司はもう一度、金の燭台の真ん中に立ってくださいます。今晩、大祭司はともしびをともしたいと願っておられます。今晩、私たちにペンテコステの火を与え、炎の舌を与えようと思っておられます。今から闇を照らすために、福音を宣べ伝えるために、今から多くの人々に喜びと慰めと救いを与えるために、あなたに火をつけたいと望んでおられます。

私たちは今晩、聖霊の炎の舌を受けるならば、常に燃えていることができます。今晩から消えることなく、絶えず光を照らすことができます。私たちの大祭司はいま私たちの真ん中に立ってくださいます。どうか、今、火を受け入れなさい。今、信仰をもって身も魂もささげて、火のバプテスマを受け入れなさい。

よくなりたいか

ヨハネの福音書五章一節から九節までをお読みします。

その後、ユダヤ人の祭りがあって、イエスはエルサレムに上られた。さて、エルサレムには、羊の門の近くに、ヘブル語でベテスダと呼ばれる池があって、五つの回廊がついていた。その中に大ぜいの病人、盲人、足のなえた者、やせ衰えた者たちが伏せっていた。そこに、三十八年もの間、病気にかかっている人がいた。イエスは彼が伏せっているのを見、それがもう長い間のことなのを知って、彼に言われた。「よくなりたいか。」病人は答えた。「主よ。私には、水がかき回されたとき、池の中に私を入れてくれる人がいません。行きかけると、もうほかの人が先に降りて行くのです。」イエスは彼に言われた。「起きて、床を取り上げて歩きなさい。」すると、その人はすぐに直って、床を取り上げて歩き出した。

「池の中に私を入れてくれる人がいません」(同七節)とは、今の罪人の叫び声です。

私たちはこのベテスダの有様を考えるならば、悪魔の働きを見ることができます。神の愛の働きを見たいと思うならば、創世記二章の天国の有様を見てください。そこは愛と喜びで満ちています。悪魔の働きを見たいと思うならば、ベテスダの池のあたりを見てください。病に悩める者ばかりです。今この世の状況はどうですか。悪魔による傷を受け、悪魔の毒を受け、悪魔の病を受けた者が多くはありませんか。病の人、また心の衰えた者など、多く伏しているのではありませんか。

けれども、今日は幸いなことに、病人の真ん中に病を癒《いや》す力を持つ救い主を見ることができます。天の王は、病める者の中に降り、これを癒《いや》してくださいます。実に幸いではありませんか。

ところで私たちは今、他の人のことを考えたくありません。ただ自分のことだけを考えたいのです。この部屋はどうですか。ここにもベテスダの池の有様を見ないでしょうか。心に弱さを覚えている者、心の衰えた者はいないでしょうか。私は愛する兄弟姉妹のこととして考えたくありません。ただ自分の心のこととしてだけ考えたいと思います。

いま霊の目を開くならば、自分にベテスダの有様を見ないでしょうか。この時はちょうどエルサレムの大きな祭りの日でしたから、健やかな人は神の宮に上り、神を賛美し、喜びをもって神に犠牲をささげ、そして神の言葉を聴いていました。けれども山の麓にあるベテスダの池のあたりに伏している者は、神の聖なる宮に上り、この喜ばしい過越の祭りにあずかり、犠牲をささげ、神を賛美することができませんでした。その下にあるベテスダの池に伏していなければならなかったのです。

兄弟姉妹よ。この話を通して自らの有様を考えたいと思います。神は主イエスの十字架によって過ぎ越してくださいますから、私たちは絶えず神を賛美することができます。喜びをもって至聖所に入ることができます。私たちは天に昇る身分を与えられました。神は私たちにこのような特権を与えてくださいました。今は恵みの時、救いの日です。喜びをもって、勝利をもって神を賛美することができます。けれども実際の有様を見ると、宮に上って神を賛美する代わりに、ベテスダの池のあたりに伏していいます。宮に上る力もなく、神を賛美する力もなく、ただ病のためにそこに伏していいます。

兄弟姉妹よ。私たちはしばしば目を閉じて、自分の真実の姿を知らなければなりません。説教することができても、伝道することができても、家庭の中で小さなことにおいて問題はないでしょうか。気が短い、心が鈍い、愛が足りないという欠けはないでしょうか。どうですか。霊の目は開かれているでしょうか。他人の誤りはよく見えても、自分の誤りは見ることができないということがないでしょうか。

聖書を開くとき、神の深い愛に溶けてしまうほどの思いを持つでしょう。けれども霊の目が開かれていなければ、そうした経験をいつも味わっているわけではないでしょう。どうですか。私たちは霊の目が閉ざされているために、この世の中に現れる神の栄光を見ることができないのではないでしょうか。私たちは日々目にするすべての事物、山、谷、太陽、星などによって、神の力とその存在とがわかるはずです。けれども、霊の目が閉ざされていれば、それらを見ても理解することができません。近い所ならば、手で触ることができるでしょう。けれども、遠い所であれば、全くわからないということになるでしょう。どうですか。私たちの霊の目は開かれているでしょうか。今この時のことだけはわかるかもしれませんが、遠いところは見えるでしょうか。主の再臨まで見えるでしょうか。新しいエルサレムまで見えますか。もしもそれらを見ることができないならば、私たちの霊の目は閉ざされていることになります。

今晩ここに、心の衰えた人はいませんか。罪人を導く力のない人、たびたび世に負けてしまう人、たびたび肉欲に負けてしまう人、たびたび信仰以外のことによって負け、衰えた人はいませんか。どうですか。

兄弟姉妹よ。私たちは神に造られたものです。神の大切なものです。生まれ変わった私たちは神の栄光を現すはずです。けれども、このように霊の目が閉ざされていたならば、神の栄光を現すことはとうていできません。神のみこころを喜ばせることはできません。

ある大きな会堂に、とても高価なピアノが置いてありました。そのピアノの前面にはそれを造った人の名前が金文字で記してあります。その名を見ると、そのピアノが美しい音を出し、人々を喜ばせるだろうと思われました。けれども実際にそれが演奏されるとき、ある節では正しい音を出さずに間違った音を出し、またある節では全く音を出さないとするならば、どれほど不快なことでありましょう。

兄弟姉妹よ。皆さんの中にこのピアノのような人はいませんか。皆さんは神によって新たに造られた者です。ですから、神の耳に絶えず美しい音楽を演奏するはずです。天の使いの耳にいつでも美しい音楽が響くはずです。私たちの行為、私たちの言語、私たちの生涯は、神にとっていつも美しい音楽であるはずです。しかし実際はどうでしょうか。ある節では間違った音が出ていませんか。愛の節はどうですか。愛の代わりにねたみの音が出ていませんか。熱心の節はどうですか。たびたび黙っていませんか。信仰の節はどうですか。服従の節はどうですか。兄弟姉妹よ。美しい音を出すはずなのにそれが出ないのは、その器に壊れた所があるからです。皆さんも神に造られたものですから、絶えず美しい音が出るはずです。それなのに出ないのは、やはり壊れた所があるからです。けれどもピアノは直すことができますから。皆さんの壊れた所も直すことができます。幸いではありませんか。私たちの心を癒《いや》すことができます。

ベテスダの池の中に立たれる主イエスを見てください。主は、病のためにそのあたりに伏しているすべての者を癒《いや》す力をお持ちです。その人たちに完全な癒《いや》しを与えることがおできになります。今晩、その同じ救い主が私たちの真ん中に立っていてくださいます。

「わたしは、よみがえりです。いのちです。わたしを信じる者は、死んでも生きるのです」（ヨハネ一一・二五）。

主はただ王の王である力を持っているだけでなく、「わたしは、よみがえりです。いのちです」とも言われます。これは実に幸いなことではありませんか。主を信ずる者は、死んでも生きます。

水は、ものを潤します。ものを潤すのが、水の性質です。火はものを焼きますから、どれほど汚れたものでも潔《きよ》めます。また光をも放ちますから、どのような暗い所でも、その闇を追い出します。これが火の性質です。そのように、何ものでもその性質にかなう働きがあるのは当然のことです。

主イエスのご性質は何であるかといえば、復活《よみがえり》です。生命《いのち》です。これは本当に幸いなことではありませんか。主はこの時、ベテスダの池のあたりに伏している人々にとっての復活《よみがえり》でした。けれどもある人たちは主を拒んで、癒《いや》されることを信じなかったため、癒《いや》されませんでした。もしも、ここにいるすべての人が主を信じて受け入れたならば、ひとり残らず癒《いや》されたことでしょう。

「わたしは、よみがえりです。いのちです。」これはまことに幸いなことです。どうか私たちが今晩この復活《よみがえり》にあずかることを希望します。

英国にある一人の牧師がいました。熱心な人でしたが、気が短くて、よく怒る癖がありましたから、そのために自らの心を痛めていました。いつも怒った後で涙を流して神に赦《ゆる》しを願いました。けれどもこの癖が直らず、幾度も同じ罪を犯していました。あるとき、激しく怒り、罪を犯した後、自分の部屋へ帰り、非常に苦しみ、ただ罪の赦しだけでなく、心が潔《きよ》められ、怒る癖が取り除かれることを熱心に神に求めました。

すると、その夜ひとつの夢を見ました。それは、自分の部屋に主イエスがまもなく来られるというものでした。そして彼は部屋を見て、そこがたいへん汚いものですから、主が来られるまでに掃除をしなければならないと思い、ほうきで掃き始めました。けれどもどういうわけか、掃けば掃くほど塵が立って、いっそう汚くなります。その間に主が来られ、中に入ることをお求めになります。非常に焦りましたが、少しもはかどりません。すると、主がそこへ入って来て、「わたしはあなたに潔《きよ》い水を注いで、あなたの部屋の汚れを潔《きよ》めよう」と言われました。そして部屋が全く潔《きよ》められたということでした。

翌朝目が覚めて、今までは自分の力をもって心を潔《きよ》めようともがいてもできなかったけれども、ただ主イエスが心の中に来られるならば、全く潔《きよ》められることを悟り、平和を得、喜び勇んで、朝飯の時に自分の息子にもそのことを話し、潔《きよ》めの道を悟ったことを語りました。息子も非常に心を刺され、父が入った同じ道に自分も入ることを願いました。そして、いっしょに神の前にひざまずいて、主が心の中に来られることによって父と同じ潔《きよ》めを得ることを求めました。

兄弟姉妹よ。主は復活《よみがえり》であり、生命《いのち》であり、癒《いや》し主です。主がこのベテスダの池に来られたとき、その池に伏している病人はみな主を知っていたかもしれません。けれども癒《いや》される信仰がなかったために、ひとり残らず癒《いや》されるということがありませんでした。それと同じように、今晩主がここにおられても、私たちに信仰がなければ、心が癒《いや》されることはありません。主は、悪魔の働きのために汚れと罪に満ちているこの天地を潔《きよ》めて、未来において新天新地を造られるお方です（黙示録二一章）。ですから、今でも皆さんの小さな心を潔《きよ》めることがおできになるのです。

この世界は長いあいだ悪魔が支配し、悪魔とその部下はここで働き、争いに勝利しました。けれども、主イエスは再臨の時にご自分を現すことによって、この世界を潔《きよ》め、新しい天地を造られます。そして、今ここにおいて主はご自分のために、居る所をお造りになります。ですから、あなたの心から悪魔の毒を追い出すことがおできになります。

「主は御口の息をもって彼を殺し、来臨の輝きをもって滅ぼしてしまわれます」（Ⅱテサロニケ二・八）。

あなたの心の中に新しい天地を造ることがおできになります。ハレルヤ。主を見上げなさい。ただ主イエスを見上げなさい。あなたの心を癒《いや》そうと、ここに立っておられる主イエスを見上げなさい。ベテスダの池のあたりに伏している人たちが主を見上げたならば、みな主に癒《いや》されたでしょう。主は、最も難しい病にかかっている者に会い、その病が長期にわたることを知り、「よくなりたいか」と言われました。私たちはどうですか。この人は三十八年間も患いましたが、一四節を見ると、この病が罪の結果だったことが暗示されています。実に難しい病で、ただそのままで残る生涯を終えるほかありませんでした。実に難しい病でした。三十八年のあいだ苦しみ衰えていました。それほどの病でした。それほどの病人でも主イエスは癒《いや》すことがおできになります。それほどの難しい病でも主イエスは癒《いや》すことがおできになります。私たちも自らの心を治し、汚れを潔《きよ》めることができずに、長いあいだ苦しみ衰えていたとしても、主イエスは癒《いや》すことがおできになるのです。主の栄光は悪魔を追い出します。主はその権能をもってこの世に降られました。主の栄光は罪人を救うことができます。罪人の心から悪魔の毒を追い出すことが主イエスの栄光です。

おお、三十八年間患っていた人をも主は癒《いや》すことがおできになります。主は「よくなりたいか」と言われます。おお、どうでしょうか。主は「よくなりたいか」とおっしゃいます。私たちはどこをよくされることを願いますか。心の苦しみという病ですか。主はそれを癒《いや》してくださいます。人に打ち明けられない心の痛みですか。主はそれを癒《いや》してくださいます。誇り、欲など心の中に残っていることを癒《いや》されたいと願いますか。主はそれを癒《いや》してくださいます。

おお、三十八年も患っていた病人に主は「よくなりたいか」と言われました。この人は、その意味がわかりませんでした。けれども、主はまた「起きて歩きなさい」と命じられました。そしてその言葉と同時に力を与えてくださいました。「起きて歩きなさい」、これが造り主のご命令です。それは力ある言葉です。主はご自分の言葉を発して、この天地は造られました。太陽も星も主の言葉によって造られました。いま同じ力ある言葉によって、「起きて歩きなさい」と命じられます。「潔《きよ》くなりなさい」と命じられます。神には不可能なことはありません。必ず悪魔の業に対して不思議な力を施されます。「潔《きよ》くなりなさい」と命じられれば、潔《きよ》くなることができます。

兄弟姉妹よ。あなたは今晩ここで潔《きよ》くなることができます。どうか信仰をもってよみがえりの力をお受けなさい。今まで心の中に、幾分かは癒《いや》されるだろうというわずかな望みがあったかもしれません。いつかは癒《いや》されるだろうという小さな望みがあったかもしれません。けれども、こうした望みの代わりに、今癒《いや》されるという信仰がなければなりません。神は今の信仰を求められます。いつかは癒《いや》されるだろうという曖昧な望みは少しも役に立ちません。いつかはというような未来への曖昧な信仰は少しも役に立ちません。今晩癒《いや》されるという信仰があるならば、今晩癒《いや》されます。兄弟姉妹よ。主の力を信じなさい。主の癒《いや》しの力を信じなさい。主は今晩、皆さんを癒《いや》してくださいます。今、皆さんを癒《いや》されます。

おお、「よくなりたいか」。この人は床を取り上げて帰りました。そして、喜んで主の力を言い表しました。今まで泥の中に伏していたことを告げて、主に癒《いや》された喜びをもって感謝しました。今晩、皆さんもこのように癒《いや》されて、神を賛美できれば幸いであると思います。ベテスダの池のあたりに伏して癒《いや》されなかった人も多くいたように、ただ心に励ましを受けただけで癒《いや》されずに、ここから帰るのでしょうか。そこで家族に向かって、「今日は実に喜ばしきことがありました。主ご自身が心の衰えた人を即座に癒《いや》してくださいました。実に幸いでした」とお話しするのでしょうか。「ところで、あなたは癒《いや》されましたか」と聞かれたら、どうでしょうか。「いいえ、私は癒《いや》されませんでした」と答えるのでしょうか。どうしてですか。主はあなたを癒《いや》すことを躊躇《ちゅうちょ》なさったのでしょうか。いいえ、そんなわけはありません。主はあなたでも私でもだれに対しても、心の衰えた人を癒《いや》すことを躊躇《ちゅうちょ》なさいません。そして、癒《いや》す力を持っておられるのです。そうであるならば、どうしてあなたは癒《いや》されずに家に帰るのでしょうか。

　兄弟姉妹よ。いかがですか。主は今晩、力をもってここにおられます。救いの力、癒《いや》しの力、よみがえりの力をもってここにおられます。皆さんの心の中に新しい天地を造る力をもってここにおられます。「よくなりたいか」。おお、よくなること、癒《いや》されることを願おうではありませんか。

聖潔（きよめ）

旧約聖書イザヤ書の六章一節から八節までをお開きください。

ウジヤ王が死んだ年に、私は、高くあげられた王座に座しておられる主を見た。そのすそは神殿に満ち、セラフィムがその上に立っていた。彼らはそれぞれ六つの翼があり、おのおのその二つで顔をおおい、二つで両足をおおい、二つで飛んでおり、互いに呼びかわして言っていた。「聖なる、聖なる、聖なる、万軍の主。その栄光は全地に満つ。」その叫ぶ者の声のために、敷居の基はゆるぎ、宮は煙で満たされた。そこで、私は言った。「ああ。私は、もうだめだ。私はくちびるの汚れた者で、くちびるの汚れた民の間に住んでいる。しかも万軍の主である王を、この目で見たのだから。」

するると、私のもとに、セラフィムのひとりが飛んで来たが、その手には、祭壇の上から火ばさみで取った燃えさかる炭があった。彼は、私の口に触れて言った。「見よ。これがあなたのくちびるに触れたので、あなたの不義は取り去られ、あなたの罪も贖《あがな》われた。」　私は、「だれを遣わそう。だれが、われわれのために行くだろう」と言っておられる主の声を聞いたので、言った。「ここに、私がおります。私を遣わしてください。」

「見よ。これがあなたのくちびるに触れたので、あなたの不義は取り去られ、あなたの罪も贖《あがな》われた」（七節）。

おお、神が私たちの心にこの言葉を語られるならば、何よりも幸いなことです。イザヤは長年、自分は罪の赦《ゆる》しを得ていると思っていました。長年、ほかの人々に神の赦《ゆる》しを宣べ伝えていました。一章より五章までを見ると、熱心に罪人に対して罪の赦《ゆる》しと神の恵みを宣べ伝えたことがわかります。また罪の恐ろしさを感じて、罪人のために嘆き悲しみ、これを戒めようとしました。けれども、そのイザヤの心の中にいまだ罪が残っていました。この時、神はその心の罪を除いて、その悪を全く潔《きよ》めてくださいました。火をもってイザヤにバプテスマを施してくださいました。これはイザヤのペンテコステです。イザヤはここでペンテコステの霊を受けました。

兄弟姉妹よ。今晩この七節を味わい、神が私たちにも同じ恵みを与えてくださることを信じて祈りたいと思います。このときイザヤはエルサレムの神殿の礼拝にあずかりました。神殿の中では大きな集会が開かれていました。人々は、神の御前に流された血によって神に近づきました。祈りもささげられました。感謝もささげられました。けれども、その時に真の潔《きよ》めを得た者は、イザヤのほかになかったでしょう。多くの会衆の中で、卑しい一人の青年のみが神から真実の潔《きよ》めを得ました。多くの人々が神の御前にひざまずいて、感謝の祈りをささげました。けれども、神の恵みを得た者は一人の青年だけでした。

兄弟姉妹よ。今晩、私たちはもう一度神の御前に集いました。もう一度、声を合わせて感謝と賛美をささげました。けれども、真に心の潔《きよ》めを受ける者はどなたですか。この集会で、ただ感情が高揚するだけで満足する人はいませんか。祈りのゆえ、あるいは賛美のゆえに喜びの感情が起こり、神が近くにおられることを感じて、それで満足している人はおられないでしょうか。聖書の講義を聴いたり、霊の知恵を得たりして、心の中に満足を覚えている人はおられないでしょうか。いかがでしょうか。私たちの中にそんな貧しい思いがないでしょうか。そんな小さな心がないでしょうか。そんな卑しい望みがないでしょうか。

おお、神は今晩、私たちにそれよりもはるかに優れた恵みを与えようとしておられます。あなたをご自分のところに導いて、全き聖潔《きよめ》を与えようと望んでおられます。ただこの集会の席に列するだけではありません。霊の知識だけではありません。真の聖潔《きよめ》、霊のバプテスマ、火のバプテスマを与えようとしておられます。長いあいだ待ち望んだ火のバプテスマを、今晩私たちに与えようとしておられます。

兄弟姉妹よ。イザヤはその日に、神殿の礼拝の事実を感じました。真実がわかりました。それまで彼は自らの罪を懺悔《ざんげ》していました。けれどもその日に、自分が滅ぶべき罪人であることを悟りました。それまで彼は、神が聖であることをたびたび目撃してきました。けれども、この時に心の底まで、神は、聖なる、聖なる、聖なるお方であることがわかりました。

兄弟姉妹よ。私たちも今までたびたびこうしたことについて聖書の言葉を聴きました。あるいは歌を歌い、あるいは祈りをささげました。けれども真に罪を懺悔《ざんげ》したでしょうか。神の恵みを真に理解して、心より感謝したでしょうか。どうか自分の心を省みてください。これまで、たびたび主の贖罪《しょくざい》について聴いたことでしょう。けれども、その力、その効果を受け入れましたか。どうですか。

イザヤはそれまで、神殿が神の住まいであることを知っていました。けれどもこの時に、まことに神がそこにおられることを見ました。主イエスはこの集会の真ん中に立っておられます。私たちは今晩主を見ることができます。この集会の真ん中に立っておられる主を、信仰をもって見ることができます。肉眼をもって見ることはできません。けれども、心の眼をもって見ることができます。

この時イザヤは、ほかに礼拝している人たちがいることを全く忘れました。神殿の祭司のことも忘れました。ただ神と自分だけを感じました。今晩、私たちも同じように他のことを全く忘れて、ただ神と自分だけのことを覚えたいと思います。他の兄弟、あるいは説教者のことを全く忘れて、ただ自分と神だけのことを覚えたいと思います。

その時、神の霊はイザヤの目の前に主の栄光を示されました。主の威光、主の力、主の慈愛、主の喜びを示されました。今晩、私たちも主の栄光を見たいと思います。

私たちはたびたび十字架を見上げて、主の慈愛を悟りました。今晩、天の御座にあげられた主を見上げなさい。天の中、地の上、すべての権威を持つ主を見上げなさい。その主を見上げて、大いなる権威と恵みを見てください。イザヤはそれを見ました。

「そのすそは神殿に満ち」（一節）。

彼は自分の汚れた有様がよくわかりましたから、神から遠ざかりたいと思いました。けれども、どこへ逃げても、神に出会いました。神の裾《すそ》は神殿に満ちていたのです。イザヤは神から逃れることができませんでした。どこででも神に出会いました。どこにも神はおられました。

兄弟姉妹よ。神は今晩この部屋にも満ちておられます。神の裾はこの部屋にまでも満ちています。私たちは神より逃れることができません。主がこの地上におられる時に、その衣の裾に触れる者は癒《いや》しを受けることができました。感謝すべきことには、私たちは今晩癒《いや》しを受けることができます。主の裾はこの部屋にまでも満ちているのです。今晩、主の癒《いや》しの力を心の中に受け入れることができます。

イザヤは主を見たときに、主の力を見ました。主の救いの力、悪に勝つ主の力、潔《きよ》めの力、霊のバプテスマを施すことのできる力を見ました。今晩それを見てください。主は私たちを潔《きよ》めることがおできになります。私たちの性質はもともと頑なで堅いものですが、主はそれを打ち砕く、もっと強いお方です。私たちの性質は汚れていますか。主は全能の力を持つお方です。主は心の偶像を潔《きよ》めることがおできになります。主はどのような汚れをも潔《きよ》めることがおできになります。主はすべての罪を除き、全く潔《きよ》めることがおできになるのです。どうぞ主の力を見上げなさい。

あなたは現在、難しい状況に置かれていますか。主はあなたに勝利を与えることがおできになります。主は栄光の主です。いま天の御座に座しておられますから、あなたにもその力を与えることがおできになります。主はいま霊を与えることがおできになります。あなたはそれを信じますか。主は昇天された主です。私たちにいま霊を与えることがおできになります。神はいつか私にも霊を与えてくださると信じているでしょうか。そういう曖昧な信仰は真の信仰ではありません。神は今晩この恵みを与えてくださると信ずることが真の信仰です。どうか今晩、主を信じなさい。

けれどもその時にイザヤは神をただ見ただけではありませんでした。神の手のわざを見ました。セラフィムを見ることができました。燃える炎のような神の使いを見ることができました。神がこのセラフィムに絶えず生命《いのち》と霊を与えておられるのを見ました。このセラフィムには、どうして燃えるような愛の炎があるのでしょうか。なぜ、いつでも神の命令を果たす力があるのでしょうか。どうして絶えず神の霊に満たされているのでしょうか。それは、主イエスが絶えずこのセラフィムに生命《いのち》と霊を与えておられるからです。このセラフィムの生命《いのち》、セラフィムの炎、セラフィムの力の源はどこにあるでしょうか。それは神の御座におられる主イエスです。

おお、主がそのように天の使いを炎のようにすることがおできになるとするならば、地上で贖《あがな》われた者にも同じようにしてくださるのです。主は私たちにも同じ恵みを与えてくださいます。私たちにも同じ霊を満たしてくださいます。私たちにも燃える火のような愛を与えてくださいます。主は私たちにも同じ礼拝の精神を与えてくださいます。セラフィムは顔を覆って、神を見上げませんでした。それは、自分が神の御顔を拝するに値しない者であると思っていたからです。それで、絶えず顔を隠して神の御前にひれ伏していました。

兄弟姉妹よ。これは真の礼拝です。私たちはそんな精神をもって礼拝しているでしょうか。神の御前にひれ伏して、本当に身も魂もささげているでしょうか。そのようにするならば、主は私たちにも同じ恵みを与えてくださいます。セラフィムの主は、あなたの主でもあります。私の主です。ですから、私たちにも同じ霊を注ぐことができになります。

セラフィムはまことに謙遜な者です。顔を覆って自分を隠しました。私たちは自分を出すことがないでしょうか。本当に霊を受けるならば、自分を隠します。神の御前に自分を卑しくします。本当に霊が宿るならば、そういう精神が生まれます。

またセラフィムは互いに励ましています。どんな会話をしているでしょうか。「互いに呼びかわして言っていた。『聖なる、聖なる、聖なる、万軍の主。その栄光は全地に満つ』」（三節）ということです。セラフィムの言葉はただ神とその栄光のことだけでした。そんな言葉で互いに励まし合っていました。兄弟姉妹よ。霊に満たされた者の会話も同じことです。またその力も同じです。「その叫ぶ者の声のために、敷居の基はゆるぎ、宮は煙に満たされた」（四節）とあります。霊に満たされた者の話は必ず人の心を動かすのです。

この輝ける主は、あなたがたの主です。私たちはこの主の僕《しもべ》です。私たちはこのセラフィムのような者です。私たちは輝く主にこの地の上で仕えています。私たちはこの輝く主の僕《しもべ》ですから、霊に満たされて、喜びをもって、愛をもって主に仕えるべきです。どうかご自分の心を省みなさい。

これまで輝く主と、霊に満たされたセラフィムを見ました。今どうかご自分の心を判断してください。今までの生涯はどういうものでしたか。この輝く主に仕えてきました。けれども心が冷淡ではありませんでしたか。この大いなる主に仕えてきました。けれどもたびたび自分のために働きませんでしたか。たびたび自分の力や自分の理解によって働いたことはありませんでしたか。私たちは天国に属する者であると言われます。けれども、これまでたびたび世に属する者のようになっていませんでしたか。私たちは天国を受け継ぐ者であると言われます。けれどもその実、心の中は世に属してはいなかったでしょうか。

おお、これまでこのセラフィムのように従順に主の命令に従ったでしょうか。あるいは、たびたび自分の心に従ってしまって、神に背いたことはなかったでしょうか。

これまで「わが主よ、わが神よ」と言っていました。けれども、主は真にあなたの主だったでしょうか。おお、どうか神の御前に自分の心を判断してください。どうか神の手のわざを見て、自分の冷たかったこと、自分の間違っていたことを覚えなさい。

神は、この地の上にもこのセラフィムのような輝く僕《しもべ》を持っておられました。パウロのような人もその一人です。彼は主の愛に励まされて、喜んで困難に立ち向かいました。絶えず炎のような言葉で主を現すことができました。そのとおりどこでも主の光を見せて、罪人の心を刺す輝く僕《しもべ》でした。神は私たちに真に霊を注ぐことがおできになります。これは決して想像ではありません。事実です。神は人間をセラフィムのようにしてくださいます。真に火をもってバプテスマを施してくださいます。

兄弟姉妹よ。私たちはこれまでこうした教職者会で、心を合わせて神に求めました。また、たびたびその栄光を見ました。けれども再び元の冷たい状況に戻ってしまったことはありませんか。たびたびこの教職者会で神は奇《くす》しい恵みを降してくださいました。私たちの心を満たし、私たちに喜びをあふれさせ、私たちを顧みてくださいました。けれども今もう一度神の御前に出て、心の状態はどうでしょうか。いま神に対して燃える愛があるでしょうか。兄弟に対する燃える愛があるでしょうか。いま従順と忍耐と謙遜がありますか。どうか神の御前に自分の心を省みてください。

「そこで、私は言った。『ああ。私は、もうだめだ。……』」(五節)。イザヤはそのように叫びました。主の栄光を見、自分の心を省みたときに、「ああ。私は、もうだめだ」と叫んだのです。今晩、「ああ。私は、もうだめだ」と叫ぶ兄弟姉妹がおられますか。「私はこれまで『自分』に従っていました。『自分』に満たされていました。これまで神の光の中であまり生きていませんでした。ああ。私は、もうだめだ。」イザヤはそう叫びました。私たちもこう叫ぶべきではありませんか。

その時にイザヤは神から遠ざかろうとしました。神の御前を避けたいと思いました。神の聖なることを見るときに、どうしても神の光に耐えることができません。自分は地に属する者であるため、汚れた唇をもって聖なる感謝と賛美を歌うことができないと思いました。彼は「くちびるの汚れた者で、くちびるの汚れた民の間に住んでいる」(五節)ことを感じました。

おお、これまで私たちは神の僕《しもべ》と言われながら、地に属する者でしたか。肉に属する者でしたか。「ああ。私は、もうだめだ」と叫ぶ者でしたか。私たちは永遠にそのような状態にとどまらなければならないでしょうか。いつその汚れが除かれるのでしょうか。どうして霊に属する者となることができるのでしょうか。いつ、いかにして私たちは肉に死んで、霊によみがえることができるのでしょうか。

兄弟姉妹よ。今晩、神の御前に自分の罪、汚れ、怠り、冷淡を懺悔《ざんげ》して、全き潔《きよ》めを受け入れなさい。今晩、主の全き癒《いや》しを受け入れなさい。今までの生涯は肉に属するものだったでしょうか。冷たい生涯だったでしょうか。失敗の生涯だったでしょうか。力のない、平安のない生涯だったでしょうか。どうか今晩、主の足もとにひれ伏しなさい。主はあなたを癒《いや》すことができます。あなたは自分を癒《いや》すことはできません。いかに知識や経験があっても、伝道に熱心であっても、自分の心を癒《いや》すことはできません。冷たい心、肉に属する思い、罪と悪を自ら取り除くことはできません。どうぞ自分を卑くして、主イエスにお求めなさい。主はあなたの心の病んでいるところを知っておられます。主はそれを癒《いや》すことができます。どうぞ自分を卑くして、今晩癒《いや》しを受け入れなさい。主に満たされることをお求めなさい。主は今晩あなたにそれを与えてくださいます。幸いなことには、今晩それが可能なのです。

すぐに主はイザヤを癒《いや》されました。血の流された祭壇の上に火があります。その燃えさかる炭を取ってイザヤの心にお与えになりました。その燃えさかる炭によってイザヤは全き癒《いや》しを得ました。その罪は全く除かれ、悪はすべて潔《きよ》められました。今晩も祭壇があります。私たちのために十字架の上に活きた供え物があります。もはや血が流されましたから、私たちもイザヤのように心の癒《いや》しを受けることができます。私たちも主の全き聖潔《きよめ》にあずかることができます。いま私たちのために霊の燃えさかる炭があります。神は私たち各自にこれを与えてくださいます。イザヤはそれによって燃える炎のようなセラフィムとなりました。今まで彼は神の御声を聴くことができませんでした。けれども今、心の中に神の小さく静かな御声が響きました。

「だれを遣わそう。だれが、われわれのために行くだろう」（八節）。

イザヤは、潔《きよ》められた時に神の命令がわかりました。神の静かな小さな御声がわかりました。その時に神の周囲にはたくさんの使者がいたことでしょう。けれどもイザヤは神の使者となることを願いました。どのような困難に遭《あ》っても、少しも構わない。勇気をもって、大胆さをもって会衆の前に出て、「ここに、私がおります。私を遣わしてください」（同節）と叫びました。潔《きよ》められた者はいつも大胆です。ですからイザヤは神のセラフィム、神の僕《しもべ》となりました。その炎は永遠に彼の心の中に燃えたと思います。彼は明らかに主を見ることができました。主の栄光を悟りました。ですから絶えず燃える炎のような神の使者となりました。

神は今晩どなたにも、同じすばらしい恵みを与えてくださいます。どうぞ今晩主を見上げなさい。主は今晩あなたを潔《きよ》めてくださいます。あなたを癒《いや》してくださいます。ただ主だけを覚えて、自分を卑くし、その罪を懺悔《ざんげ》して、全き聖潔《きよめ》を受け入れなさい。

伝道

エゼキエル書の一章より三章までを開きたいと思います。

エゼキエルは神の祭司でした。けれども今は離れた所に連れて行かれ、捕虜となっています。エルサレムの神殿を慕い、その中に住んでおられる神に近づきたいと願ったことでしょう。ところが捕虜の身ですから、そうすることもできません。神の至聖所に入ることもできません。金のケルビムを見ることもできません。しかし、この時に神はケルビムに乗り、ご自分の愛する僕《しもべ》に近づいてくださいました。エゼキエルは実に神の至聖所に入って、神の輝く栄光を見、またその御声を聞くことができました。

兄弟姉妹よ。私たちがどんな状況に陥っても、神は私たちに近づくことがおできになります。私たちは目に見える恵みを受ける手立てを奪われ、遠い所に連れて行かれて、残酷な目に遭《あ》っているなかでも、神は私たちに近づいて、そこで私たちに天を開いて幻を示すことがおできになります。今朝このケバル川のほとりに立って、もう一度神の幻を見たいと願います。

エゼキエルはこの時にどんな幻を見たのでしょうか。一章四節より二五節までに、神に仕える聖なる僕《しもべ》の幻を見ることができます。霊に感じて霊のままにまに仕える聖なる僕《しもべ》を見ます。それでエゼキエルの心の中には、「みこころの天になるごとく、地にもなさせたまえ」との祈りがあったと思います。神はこの時なぜご自分に仕える使いの形を示されたのでしょうか。それは、エゼキエルにも同じ力、同じ愛、同じ炎、同じ服従を与えたいと願われたからです。

けれどもただそれだけではありません。エゼキエルはそれよりも大きな幻をも見ることができました。それは何だったでしょうか。天にいる人の子です。

「彼らの頭の上、大空のはるか上のほうには、サファイヤのような何か王座に似たものがあり、その王座に似たもののはるか上には、人間の姿に似たものがあった」(二六節)。

彼は神の王座に座す人の子を見ました。ケルビムを治める人を見ました。天地万物を統べ治めるのが人であることがわかりました。

兄弟姉妹よ。私たちはこの幻を見たでしょうか。神の王座に座す人を見たでしょうか。私たちは十字架の上にかけられた主を見たでしょう。それによって神との平和を見ました。また復活の主を見たでしょう。それによって罪と死に打ち勝つ力を得ました。けれども昇天の主はどうでしょうか。ただ頭のみではなく心の中でも、神の王座に座しておられる人を見ましたか。どうですか。神は私たちにこの幻を示そうとしておられます。今、神の王座に座して天の中、地の上のすべての権威を持っておられる方は、霊の存在ではなく私たちと同じ人です。私たちと同じ性質を持ち、私たちに同情を表してくださる同じ人間です。エゼキエルはそれを見て二八節のように言いました。

「その方の回りにある輝きのさまは、雨の日の雲の間にある虹のようであり、それは主の栄光のように見えた。」

主の栄光は曖昧なものではありません。それは人のように見えます。ナザレのイエス・キリストのように見えます。主の栄光はすべて人を通して輝きます。

「私はこれを見て、ひれ伏した。そのとき、私は語る者の声を聞いた。」

神は伝道者を遣わすときに、幻をお示しになります。第一に御使い、第二に天におられる人を示されます。

二章では何を見たでしょうか。三節を見てください。

「その方は私に仰せられた。『人の子よ。わたしはあなたをイスラエルの民……に遣わす。……』」

ここで初めてエゼキエルは遣わされた者となりました。神は私たちにご自分の栄光を現すときに、それをまた他の人に示すために私たちを遣わされます。これはまことに幸いなことです。私たちが真の伝道者であるならば、第一に主の幻を経験します。第二に主によって遣わされます。私たちは時に人間的な考えをもって、主のために伝道すれば、それで神を見ると思ってしまいます。今、恵みが不足しているので、伝道してその不足を補っていただこうと考えます。けれどもそれは正しい順序ではありません。私たちは、心の中に神の栄光が輝くならば、神の使者となる価値があります。

「わたしはあなたを彼らに遣わす」（四節）。

ですから私たちが神の栄光を見たときに、神は私たちを召されます。私たちは神の幻を見るならば、神の御前にひれ伏して身も魂もささげます。その時に神は私たちを使い、患難にも遭《あ》う伝道者とならせてくださいます。

また三章一節を見てください。神は私たちを遣わすときに、最初にご自分の言葉を与えてくださいます。

「その方は私に仰せられた。『人の子よ。あなたの前にあるものを食べよ。この巻き物を食べ、行って、イスラエルの家に告げよ。』」

神はご自分の伝道者に準備をさせます。私たちが神の使者であるならば、最初に神の言葉をいただかなければなりません。神はエゼキエルにこの巻き物をお与えになりました。この巻き物はどのようなものだったでしょうか。たぶん旧約の一つ二つの文書であったかもしれません。レビ記であるとか、あるいは申命記だったでしょうか。それによってユダヤ人の罪悪がよくわかりました。また神の怒りがよくわかりました。「それが私の前で広げられると、その表にも裏にも字が書いてあって、哀歌と、嘆きと、悲しみとがそれに書いてあった」(二・一〇)。

これが申命記の文書であるとすれば、エゼキエルは神の光の下にそのことをよく理解しました。罪に対する神の怒り、また罪人の嘆きがよくわかりました。それによって自分の心の中に憂いが生じました。

神から巻き物を与えられたときに、エゼキエルはそれを読むことを怠ったでしょうか。その巻き物を読まないで、ユダヤへ行って伝道したでしょうか。そこに示されているることを考えないで伝道したでしょうか。決してそのようなことはありません。エゼキエルは神から与えられた巻き物を愛読したでしょう。そして、それによって神の御旨《みむね》、また罪悪の恐ろしさを絶えず学んだと思います。

兄弟姉妹よ。神はいつでもご自分の使者に一つの巻き物を与えてくださいます。またその巻き物の中にご自分の御旨を明らかにお示しになります。伝道の方法、罪悪の恐ろしさ、地獄に行く道、あるいは天国へ行く道が、明らかにその中に示されています。神の恵み、罪の赦《ゆる》しを受ける道が明らかにその中に示されています。

私たちが人を悔い改めに導きたいと思うならば、その巻き物を大切に愛読しなければなりません。その巻き物とは聖書です。神は私たちにこの巻き物を与えてくださいました。それを食してどうぞ伝道に励みなさい。私たちはこの聖書を読むことを時として怠ってはいませんか。あるいは人間の説くところに傾いて、あるいはほかの霊的な書物を読んで、神の与えてくださるこの巻き物を食することを怠っていませんか。神は私たちにこの巻き物を与えてくださったのですから、私たちは神に仕えたいと願うならば、絶えず絶えずこれを食して味わわなければなりません。この書を見て、心に留め、神の御言葉を宣べ伝えなければなりません。

私たちは神の手よりこれをいただいたならば、二章一〇節のように「哀歌と、嘆きと、悲しみと」を見るでしょう。神の手よりその巻き物をいただいたならば、罪の恐ろしさや地上の大きな嘆きを悟り、心の中に罪人の重荷を負って伝道をするでしょう。ある伝道者は地上の悲哀がわかりません。罪の恐ろしさを悟りません。心の中に罪人の重荷を負いません。それは、いまだ神の手から巻き物をいただいていないからです。またこの一〇節のように、いまだ神の光のもとでこの聖書を読まないからです。

兄弟姉妹よ。皆さんが神の預言者となりたいと願うならば、罪人の重荷を負いたいと願うならば、嘆き悲しむ罪人を救いたいと思うならば、神より与えられた聖書を神の光のもとでお読みなさい。そのようにするならば、たえがたいような罪人の重荷を負うことになるかもしれません。けれども三章三節を見てください。

「そこで、私はそれを食べた。すると、それは私の口の中で蜜のように甘かった。」ここを読むと、ただ罪の恐ろしさを知るだけではありません。神は罪人にも恵みを与えてくださることがわかります。それは蜜のように甘いのです。兄弟姉妹よ。聖書によって神の恵み、ご自分に敵する罪人に対して現されるご慈愛を悟るならば、それは蜜のように甘いのです。

そのように聖書を愛読するならば、一一節のような伝道ができます。

「『神である主はこう仰せられる』と彼らに言え。」

私たちはこのように語る力と大胆さがありますか。たびたび伝道者の説教を聞くとき、それは自分の経験、あるいは感じであるということを聞きます。けれども神の巻き物を味わって伝道するならば、「神である主はこう仰せられる」、そのとおりに私たちは教会に対し、罪人に対し、厳粛に力をもって説教することができます。ただ自分の説や考えを伝えるならば、何の益もありません。かえって伝道をやめたほうがよいかもしれません。けれども、このとおりに神の預言者となって、神の巻き物を心に留めておくならば、「神である主はこう仰せられる」と言うことができます。そういう説教は鉄槌《てっつい》のように人の心を砕きます。火のように人の心を溶かします。

ですから一章一節より三章一一節で、神はこの人の心を備えておられます。この人は神の伝道に出る前に、一章一節より三章一一節までの経験をいただくことができました。そして三章一二節では、神の命令に従って伝道に出ます。行く道の前には患難もあります。迫害もあります。エゼキエルはそれを悟りました。けれども神の命令に従って出ました。

「それから、霊が私を引き上げた。そのとき、私は、うしろのほうで、『御住まいの主の栄光はほむべきかな』という大きなとどろきの音を聞いた。」

ですからエゼキエルはひとりで出るのではないことがわかりました。神の命令に従って出たので、神の力が共にあることがわかりました。この一二節は「使徒の働き」二章二節と同じ経験であると思います。

「すると突然、天から、激しい風が吹いて来るような響きが起こり、彼らのいた家全体に響き渡った。」

神はご自分の遣わす僕《しもべ》には、ご自分も共にいることを経験させられます。私たちは神の命令に従って出るときには、必ずこの一二節のように神の活きた力が共に働くことを経験します。

　エゼキエルはそのとおりに感じて、遣わされた所に行きました。そしてそこですぐに口を開いて説教をしたのでしょうか。いいえ、そうではありませんでした。私たちはたびたびその過ちに陥ります。一五節を見てください。

「私は彼らが住んでいるその所で、七日間、ぼう然として、彼らの中にとどまっていた。」

茫然《ぼうぜん》として、しばらくの間その人々とともに座っていました。その時に彼は世間話をして七日を費やしたわけではありません。心の中でその人々のために祈って、神の言葉を待ち望みました。エゼキエルはいつでも美しい説教をしました。イスラエル人はエゼキエルの説教を待ち望みました。いつでも多くの人が聞きに来ました。喜んでその説教を聞きました。けれども今、エゼキエルは神を待ち望みました。私たちはたびたび公に自分を出してしまいます。喜んで多くの人を集めて説教をします。けれども時によって、それをすることは神の御旨《みむね》でないことがあります。神はそのとき私たちの口をおとどめになることもあるでしょう。

　けれども一七節より二一節までを見ると、七日後に神はその言葉を与えてくださったことがわかります。またエゼキエルに罪人を救うことを命じるために、口を開いて説教するために、二二節の言葉をお語りになりました。エゼキエルはそのとき神に命じられて、友人のもとを去り、大勢の人たちが参加する集会から退いて、静かな野原に行きました。私たちはたびたび集会の中に神の栄光を見ることを望みます。多くの兄弟姉妹が集まるならば、そこで神の栄光を見ると思って、喜んで集会に行きます。けれども神は時として「谷間に出て行け」、集会から退いて谷間に出て行け、とお命じになります。

おお、神の御声を聞いて、静かな谷間に出て行くときに、そこで神の栄光を見ることができます。

「私はすぐ、谷間に出て行った。すると、そこに、主の栄光が、かつて私がケバル川のほとりで見た栄光のように、現れた。それで私はひれ伏した」(二三節)。

兄弟姉妹よ。どうぞ神の御声に従いなさい。神は私たちにたびたび集会に出るようにと命じ、またたびたび谷間に出て行くようにとお命じになります。たびたび説教するようにとお命じになります。たびたび沈黙するようにとお命じになります。兄弟姉妹よ。導かれるままに神の御声に従って神の大切な働きをしたいと思います。

その時に神はエゼキエルに、「行って、あなたの家に閉じこもっていよ」(二四節)

とお命じになりました。また、二五節で牢屋《ろうや》に入ることを命じられました。そして二六節で黙っていることをお命じになりました。エゼキエルはそのことをつぶやいていません。神の栄光を見たため、本当はどこででも説教することを願ったのでしょう。神の書物を味わったので、どこででも罪人を諫《いさ》めたいと思ったでしょう。けれども今、神の命令に従って牢屋に縛られて沈黙しなければなりません。ところが、二七節の神の約束があります。

「しかし、わたしは、あなたと語るときあなたの口を開く。」

それでエゼキエルは神の導きをいただいて、神の伝道をしました。彼の生涯は、四章を見ると、罪人の中で罪人のしるしとなったことがわかります。神はエゼキエルの行いによって罪人に教訓をお与えになりました。

おお、神は今機会があってもなくても、公に伝道せよとお命じになるかもしれません。自分の心に従うならば過失を犯すかもしれません。自分の感覚に従って進退を決するなら、過ちを犯すおそれがあります。ですから心を抑えて、静かな所に行って神の命令を受け入れなさい。その時に神は皆さんの口を開いて説教をさせてくださいます。おお、どうぞ次の順序に従って伝道をしたいと思います。第一、神の栄光を見、第二、神に遣わされ、第三、神の巻き物を味わって。

枯れた骨の谷

エゼキエル書三六章では、神はどのようにして私たちの心の中に霊を働かせられるかを見ることができます。三七章では、どのようにして神は私たちを通してほかの人々の心の中に霊を働かせられるかを見ることができます。三六章の結果は、潔《きよ》めです。三七章の結果は、よみがえりです。罪人に新しい生命《いのち》を与えることです。三七章一節から一〇節までをお読みします。

主の御手が私の上にあり、主の霊によって、私は連れ出され、谷間の真ん中に置かれた。そこには骨が満ちていた。主は私にその上をあちらこちらと行き巡らせた。なんと、その谷間には非常に多くの骨があり、ひどく干からびていた。主は私に仰せられた。「人の子よ。これらの骨は生き返ることができようか。」私は答えた。「神、主よ。あなたがご存じです。」主は私に仰せられた。「これらの骨に預言して言え。干からびた骨よ。主のことばを聞け。神である主はこれらの骨にこう仰せられる。見よ。わたしがおまえたちの中に息を吹き入れるので、おまえたちは生き返る。わたしがおまえたちに筋をつけ、肉を生じさせ、皮膚でおおい、おまえたちの中に息を与え、おまえたちが生き返るとき、おまえたちはわたしが主であることを知ろう。」

私は、命じられたように預言した。私が預言していると、音がした。なんと、大きなとどろき。すると、骨と骨とが互いにつながった。私が見ていると、なんと、その上に筋がつき、肉が生じ、皮膚がその上をすっかりおおった。しかし、その中に息はなかった。そのとき、主は仰せられた。「息に預言せよ。人の子よ。預言してその息に言え。神である主はこう仰せられる。息よ。四方から吹いて来い。この殺された者たちに吹きつけて、彼らを生き返らせよ。」

私たちの働きも同じことです。私たちの事業は枯れた骨に生命《いのち》を与えることです。それを考えると、自分の力では決してできないことです。私たちはその力をどこから得ることができるでしょうか。

「主の御手が私の上にあり、主の霊によって、私は連れ出され、谷間の真ん中に置かれた。そこには骨が満ちていた」（一節）。

エゼキエルは神の手に触れたのを覚えて、骨のために出て行きました。私たちもそんな思いをもって働きに出るならば、骨をよみがえらせることができます。「主の御手が私の上にあり」、「主の御手」とは霊です。霊はエゼキエルの上にとどまられました。そしてエゼキエルは霊に従って谷に行きました。「主の霊によって、私は連れ出され……」とあります。私たちも霊に感じ、霊に導かれて出て行くならば、この世の真の有様を見ることができます。

当時、エゼキエルの時代には、知恵のある者もいたでしょう。立派な人もいたでしょう。義《ただ》しい人もたくさんいたでしょう。宗教に熱心な人も多くいたでしょう。けれども、エゼキエルが霊の目をもってその人たちを見たときに、みな枯れた骨に見えました。肉の目をもって見れば、立派な有様を見ることができたでしょう。位の高い者もおり、学問に優れた者もおり、種々の良いことも社会の表面では行われていたでしょう。けれども、霊の目をもって見たときに、ただ枯れた骨ばかりでした。

兄弟姉妹よ。神の御手のもとにこの世を見るならば、私たちも同じことを見るでしょう。私たちは霊に属する者であっても、時として肉に属する考えでこの世を見てしまいます。霊に満たされた者であっても、時として肉に属する目で世の人を見てしまいます。どうぞ絶えず神の目をもって世の人を見てください。

「ですから、私たちは今後、人間的な標準で人を知ろうとはしません。かつては人間的な標準でキリストを知っていたとしても、今はもうそのような知り方はしません」（Ⅱコリント五・一六）。

パウロはこのように決心しました。私たちはこれまで肉によって人を知ったと思います。肉によって人を測ったでしょう。けれども、これより後はそのような標準で人を知ろうとはしない、と決心しなさい。外側のことを見ないで、神が見られるような目をもちたいと願います。サムエル記第一の一六章七節を見てください。

「しかし主はサムエルに仰せられた。『彼の容貌や、背の高さを見てはならない。わたしは彼を退けている。人が見るようには見ないからだ。人はうわべを見るが、主は心を見る。』」

神の目をもってこの世の有様を見たいと思います。神の目をもって人間を見たいと願います。私たちは人間の肉の目で見るならば、世の繁栄、人間が尊ぶ地位、あるいは財宝などを見るかもしれません。肉で人を見ないで、神の目で見たいと思います。

私たちはどのようにして神の考えを悟るのでしょうか。私たちは聖書によって、人間についての神の考えを悟ることができます。私たちは人間の真の姿を聖書によって深く味わいたいのです。

「また、彼らが神を知ろうとしたがらないので、神は彼らを良くない思いに引き渡され、そのため彼らは、してはならないことをするようになりました。彼らは、あらゆる不義と悪とむさぼりと悪意とに満ちた者、ねたみと殺意と争いと欺きと悪だくみとでいっぱいになった者、陰口を言う者、そしる者、神を憎む者、人を人と思わぬ者、高ぶる者、大言壮語する者、悪事をたくらむ者、親に逆らう者、わきまえのない者、約束を破る者、情け知らずの者、慈愛のない者です。彼らは、そのようなことを行えば、死罪に当たるという神の定めを知っていながら、それを行っているだけでなく、それを行う者に心から同意しているのです」(ローマ一・二八～三二)。

神は私たちの心の目を開くため、このような聖句を与えておられます。これは人間の真の姿です。これを深く味わい、伝道に出るときに霊の目をもって人間を見たいと願います。

「それは、次のように書いてあるとおりです。

『義人はいない。ひとりもいない。

悟りのある人はいない。神を求める人はいない。

すべての人が迷い出て、

みな、ともに無益な者となった。

善を行う人はいない。ひとりもいない。』
『彼らののどは、開いた墓であり、
彼らはその舌で欺く。』
『彼らのくちびるの下には、まむしの毒があり、』
『彼らの口は、のろいと苦さで満ちている。』
『彼らの足は血を流すのに速く、
彼らの道には破壊と悲惨がある。
また、彼らは平和の道を知らない。』
『彼らの目の前には、神に対する恐れがない。』」（ローマ三・一〇～一八）

神は私たちにもこの枯れた骨を見せたいと思っておられます。私たちは人間の真の姿を見なければ、人を導くことができません。人のために重荷を負うことができません。神はエゼキエルを枯れた骨の谷に導いて、人間の真の有様をお見せになりました。神はどのようにして私たちにも同じことをお見せになるかといえば、それは聖書によってです。神は私たちに聖書の悟りを与えてくださいます。聖書によって神の幻を示してくださいます。また聖書によって人間の幻を示してくださいます。神は私たちに、聖書によって人間の真の心を見通す力を与えてくださいます。エペソ人への手紙二章一二節を見てください。

「そのころのあなたがたは、キリストから離れ、イスラエルの国から除外され、約束の契約については他国人であり、この世にあって望みもなく、神もない人たちでした。」

罪人はそんなものです。あるいは同書四章一八〜一九節を見てください。

「彼らは、その知性において暗くなり、彼らのうちにある無知と、かたくなな心とのゆえに、神のいのちから遠く離れています。道徳的に無感覚となった彼らは、好色に身をゆだねて、あらゆる不潔な行いをむさぼるようになっています。」

どうぞ霊に導かれて、この枯れた骨の谷を見てください。

「主は私にその上をあちらこちらと行き巡らせた。なんと、その谷間には非常に多くの骨があり、ひどく干からびていた」（エゼキエル三七・二）。

神はエゼキエルにそのあたりを行き巡らせました。それでエゼキエルはその有様を深く感じて、人々の姿を明らかに見ることができました。

兄弟姉妹よ。神は時として私たちをも、その谷のあたりを行き巡らせたいと思っておられます。時として私たちにいま読んだみことばを味わわせたいと願っておられます。けれども、私たちは時としてそれを怠ったことはないでしょうか。こういう聖句を時として疎かに読んではいないでしょうか。もしこれらのみことばを味わうならば、人間の姿を見ることができます。それによって枯れた骨の谷に行って、人間の真の有様を明らかに見ることができます。たびたびそうしたみことばを開いて、心の中に深くそれを感じ、その霊の意味を悟りたいものです。

もしもそのようにするならば、「なんと、その谷間には非常に多くの骨があり、ひどく干からびていた」。実にそのとおりです。いま読んだ聖書のみことばを見るならば、「ひどく干からびていた」ということです。生きた人間の姿を見ても、ひどく干からびていたのです。喜びがありません。平安がありません。望みがありません。来世の望みがありません。光がありません。ただ失望、嫉妬、ねたみ、苦痛に満ちています。「ひどく干からびていた」のです。私たちが顔と顔とを合わせて話すことの内容が、そういうものになっていませんか。「ひどく干からびていた」ということがありませんか。そのことを深く感じたいのです。

「その谷間には非常に多くの骨があり」とあります。私たちは小さな集会に出て、人数の増えるのを見て喜びます。小さな教会に出て、信者の増すことを見て感謝します。けれども、かえって「その谷間には非常に多くの骨が」あるというのを見ることがありません。教会の中に五、六十人が救われているならば幸いです。けれども教会の外では、今でも何万人が滅びつつあるのではありませんか。この小さな松江の町でも、三万五千人の人々がまだ教会の中に入っていないではありませんか。そのほかの町々村々、たとえば米子には信者の数がどれくらいいるでしょうか。いまだ救いを得ていない者の数はどれほどでしょうか。

兄弟姉妹よ。「非常に多くの骨があり。」どうぞこのことをお感じなさい。この近辺にも二百五十万人の魂があるではありませんか。彼らははたしてどこから救いを得るのでしょうか。人間の側から考えてみるならば、ただ私たちからです。私たちを通して救いを得ないならば、限りない滅亡へと向かわなければなりません。実にこのところに集まったわずか二十五人の教職者、兄弟姉妹を通して生命《いのち》を得ないならば、永遠に限りない滅亡へと向かわなければなりません。おお、「非常に多くの骨があり」。このことを感じるならば、伝道を怠っていられるでしょうか。このことを感じるならば、涙の流れるのをとどめられるでしょうか。

もしも私たちがこのことを感じれば、冷淡な心で説教することはできません。そのことを考えるならば、大切な救いの時をいたずらに費やすことはできません。世に属するものを慕うことはできません。そのことを考えるならば、私たちはいかなる時でもいかなる所でも救いを宣べ伝えなければなりません。「非常に多くの骨があり、ひどく干からびていた。」 どうぞこの「非常に多くの」「ひどく」という言葉を心に留めてください。

そして涙が流れるのをとどめないでください。イザヤ書二二章一節から四節を見てください。

「幻の谷に対する宣告。
これはいったいどうしたことか。
おまえたちみな、屋根に上って。
喧噪に満ちた、騒がしい町、おごった都よ。
おまえのうちの殺された者たちは、
剣で刺し殺されたのでもなく、
戦死したのでもない。
おまえの首領たちは、こぞって逃げた。
彼らは弓を引かないうちに捕らえられ、
おまえのうちの見つけられた者も、
遠くへ逃げ去る前に、みな捕らえられた。
それで、私は言う。

『私から目をそらしてくれ、
私は激しく泣きたいのだ。
私の民、この娘の破滅のことで、
無理に私を慰めてくれるな。』」
これは現在のことではありませんか。この美しい日本はちょうどこのとおりではありませんか。エレミヤ書九章一節を見てください。
「ああ、私の頭が水であったなら、
私の目が涙の泉であったなら、
私は昼も夜も、
私の娘、私の民の殺された者のために
泣こうものを。」
また、ルカの福音書一九章四一節を見てください。
「エルサレムに近くなったころ、都を見られたイエスは、その都のために泣いて……。」
おお、キリストの霊を抱いた兄弟姉妹よ。どうぞこのお言葉を味わってください。
キリストの霊を抱いた者はこの四一節のように嘆き悲しみましょう。

「言われた。『おまえも、もし、この日のうちに、平和のことを知っていたのなら。……』」（同四二節）。

私たちもそんな霊を得たいと思います。「非常に多くの骨があり、ひどく干からびていた」からです。

「主は私に仰せられた。『人の子よ。これらの骨は生き返ることができようか』」（エゼキエル三七・三）。

神は皆さんに同じことをお尋ねになります。「松江の干からびた骨は生き返ることができようか」と。主は小さな声をもって皆さんにお尋ねになります。「主よ。はい。生き返ることができます。私が熱心に働きますから、これらの骨は生き返ることができるでしょう。私が熱心に福音を伝えますから、罪人は悔い改めるでしょう。主よ。そうです。生き返ることができます」と答えられる兄弟姉妹がいますか。「私は神学校を卒業しましたから、罪人を導くことができます。私は今までこれほどの経験がありますから、罪人を生かすことができます。『これらの骨は生き返ることができようか。』主よ。そうです。生き返らせることができます。私を遣わしてください。私のような伝道者が行くならば、必ずや罪人は生命《いのち》を得ることができます」と。

兄弟姉妹よ。私たちの唇からこうした恐ろしい言葉が出ることはないでしょう。けれども心の内はどうですか。どうぞ自らの心を省みてください。

神はもう一度静かにこう問われます。「人の子よ。これらの骨は生き返ることができようか」と。「いいえ、主よ。生き返ることはできません。この人たちは頑固ですから、汚れていますから、卑しいものですから、罪の奴隷ですから、生き返ることなどできません」と答える兄弟姉妹がいますか。

あるいは、主がお尋ねになったときに、「主よ。生き返ることはできません。私は実に弱い伝道者です。経験もありません。熱心さもありません。これまでの伝道はただ失敗のみでしたから、私が行っても、何の役にも立たないでしょう。生き返ることなどできません」と答える兄弟姉妹はいませんか。おお、あなたの心にいくらかでもこうした考えがないでしょうか。ただ自分の弱いこと、自分の不足な点だけを見て、「生き返ることはできません」と答える兄弟姉妹がいないでしょうか。

兄弟姉妹よ。私たちはどう答えましょうか。この三節の終わりを見てください。

「神、主よ。あなたがご存じです。」

エゼキエルの答えは実に信仰によるものであると思います。あなたが生命《いのち》をお与えになるならば、この頑固で卑しい罪人も潔《きよ》められることができます。あなたが霊を与えてくださるならば、この卑しい伝道者を用いて罪人に生命《いのち》を与えることができます。「神、主よ。あなたがご存じです。」

おお、どうか信仰をもってこうお答えしたいと思います。

エゼキエルはこの枯れた骨だけを見たならば、きっと望みがなかったでしょう。おお、私たちはどんなに熱心に働いても、罪人の有様だけを見るならば、全く望みがありません。けれども主を見上げるならば、望みがあります。ある兄弟は、私たちの伝道の地は頑固なため、とうてい罪人を導くことができません、と言います。あるいは、私の働いている土地の人々は特に罪の奴隷になっていますから、伝道が成功するわけがありません、と言う兄弟もいます。私たちが伝道の地を訪ねてみると、たびたびそういうことがあります。私たちは罪人の有様だけを見れば、罪人を導くことはできません。人間の側から見るならば、罪人を救うのは少しも望みがありません。

神の働き、霊の働きがないならば、死んだ者をよみがえらせることはとうていできません。ただ主を見上げるときに望みがあります。兄弟姉妹よ。罪人を導くことはどこにおいても同じです。英国で罪人を導くことも、日本で罪人を導くことも同じです。

この間もある方と話をしましたが、英国で罪人を導くことは日本で罪人を導くことよりもたやすいということはない、と言いました。どこででも罪人は死んだ状態にありますから、私たちは神の力、霊の息がないならば、決して罪人を導くことができません。キリストを現すことはできません。あるいは洗礼を施すことはできるでしょう。教会の会員とすることはできましょう。そうした働きは可能でしょう。けれども罪人を救うことは、神の力、霊の息がなければ、決してできないことです。

神は私たちに伝道の仕方を教えたいと願っておられます。

「主は私に仰せられた。『これらの骨に預言して言え。干からびた骨よ。主のことばを聞け』」（四節）。

預言することがまず第一に必要です。預言することは、御言葉を説明することではありません。キリスト教の教義について自分の考えを説明することでもありません。預言することは、キリストについて自分の思想を述べることとは違います。美しい説教をすることとも違います。預言するとは、罪人の心を刺す神の音信、神の使命、神の宣言を伝えることです。罪人の心を鋭く刺す神の使命を与えることが、真の預言です。預言するとは、神の力をもって話すことです。もし神の力がないならば、神の福音をどんなに宣べ伝えても、罪人を決して導くことはできません。神の力がないならば、悪魔の国を攻め取ることもできません。預言するとは、神の力をもって神の使命を宣伝することです。

預言するとは、多くの人数を集めて大きな講演会を催すことだけではありません。主はサマリヤの井戸のかたわらに座り、一人の女性に預言なさいました。訪問する時に預言しなさい。客が訪ねて来られた時に預言しなさい。罪人の心を刺す神の使命を宣べ伝えなさい。けれども、私たちは預言したいと思うならば、精神を尽くし、意を尽くして話さなければなりません。預言したいと思うならば、身の苦しみもあります。精神の労もあります。預言することは決してたやすいことではありません。罪人を導くことは簡単なことではありません。私たちは預言するならば、必ず心身の疲労を覚えます。

最近、オーストラリアのジョン・マクニールは一晩の集会で百人ほどを悔い改めに導きましたが、その人が言うには、自分が魂をキリストに導くときには、一人の魂ごとに産みの苦しみをしなければならない、と。

この人は、集会が終わっても、たびたびひとりあとに残って、教会の中でひれ伏して神に祈っています。ほかの伝道者は集会がすむと、みな帰ってしまいますが、彼はただひとりそこに残って、静かに神に祈っています。ある晩、集会が終わったときに、会衆に向かって明朝五時ごろ再びここへ集まるようにと言いました。そして自分はその夜、十一時ごろから終夜そこで祈っていました。翌朝五時に多くの人々が集まってくる時まで、その人たちのためにそこでひざまずいて一心に神に祈っていました。兄弟姉妹よ。預言するときには身の痛みも覚えますし、精神の労も感じます。預言することは決して容易なことではないのです。

「神である主はこれらの骨にこう仰せられる。見よ。わたしがおまえたちの中に息を吹き入れるので、おまえたちは生き返る。わたしがおまえたちに筋をつけ、肉を生じさせ、皮膚でおおい、おまえたちの中に息を与え、おまえたちが生き返るとき、おまえたちはわたしが主であることを知ろう」(五～六節)。

預言するとは、神の恵みを多くの人に宣べ伝えることです。神の救いのすばらしい結果を罪人に宣べ伝えることです。神はあなたに生命《いのち》を与えようとしておられる、力を与えようとしておられる、喜びを与えようとしておられる、平安を与えようとしておられる、と預言したいと願います。兄弟姉妹よ。そのように私たちは預言したいと思います。枯れた骨に自分の枯れた有様を見せても何の益もありません。罪人に自分の汚れ、自分の不義、自分の罪悪を宣べ伝えても、何の利益もありません。けれども神ご自身のなさる救い、神の霊の働きを宣べ伝えるときに、枯れた骨はよみがえります。

「私は、命じられたように預言した。私が預言していると、音がした。なんと、大きなどどろき。すると、骨と骨とが互いにつながった」（七節）。

罪人を生き返らせたいと思うならば、霊に服従しなければなりません。命じられたとおりに働かなければなりません。一節にあるように、神の霊、ペンテコステの霊を得ることが第一に大切です。けれども、次に大切なことは、その受けた霊に服従することです。私たちは命じられたとおりに働かなければ、枯れた骨が生き返ることはありません。「私は、命じられたように預言した」ということです。

おお、枯れた骨に預言することは実に愚かなことでもあります。コリント人への手紙第一、一章二一節を見てください。

「事実、この世が自分の知恵によって神を知ることがないのは、神の知恵によるのです。それゆえ、神はみこころによって、宣教のことばの愚かさを通して、信じる者を救おうと定められたのです。」

兄弟姉妹よ。ただ集会を開くのは愚かなことです。枯れた骨に説教するのは愚かなことです。神の力がそこになければ、そうした働きをやめたほうがよいかもしれません。人間の側より考えるならば、伝道することは愚かなことです。主の十字架を宣べ伝えることで、人間の心を変えられるなどとも信じられないでしょう。けれども、この愚かなことによって神は罪人をお救いになります。神は伝道の愚かさをもって、信じる者を救うことを良しとなさいます。

ある兄弟は肉の考えをもって、こんなことは罪人にはとうていわからないといって、少しも宣べ伝えようとしません。主の復活《よみがえり》についても宣べ伝えません。救いについても宣べ伝えません。これは肉に属する考えです。

罪人は福音を理解しません。けれども神は、これによって罪人を生き返らせます。神はその人をお救いになります。あのサマリヤの女は、水の話がわかったでしょうか。いいえ、少しも理解していませんでした。けれども主は水についてお話しになりました。そして枯れた骨であるサマリヤの女は、この愚かとも言える働きによって次第に生き返っていきました。兄弟姉妹よ。この愚かな働き、この愚かな伝道に励みなさい。

私たちが預言するときに、声が響きます。神は私たちと共に働いてくださいます。これは表面にあらわれる声ではありません。神が罪人の心の中に語られる声です。神は、私たちが預言するときに、罪人の心の中にご自身の声を響かせられます。兄弟姉妹よ。私たちの声をもって説教するならば、罪人を生き返らせることはできません。けれども神の声がその説教の時に語りかけるならば、罪人は必ずその声を聞いて、よみがえります。それが十字架を宣べ伝えることの力です。私たちは十字架を宣べ伝えるときに、罪人の心の中に御声が響くのです。ヨハネの福音書五章二五節を見てください。

「まことに、まことに、あなたがたに告げます。死人が神の子の声を聞く時が来ます。今がその時です。そして、聞く者は生きるのです。」

これはまさに主の声です。いま罪人の心の内に聞こえる神の生命《いのち》の声です。それで、すばらしい結果が現れました。

「骨と骨とが互いにつながった。私が見ていると、なんと、その上に筋がつき、肉が生じ、皮膚がその上をすっかりおおった」（エゼキエル三七・七、八）。

このようにして、枯れた骨が次第に動いてきて互いにつながります。罪人は以前のことを捨てて、新しい秩序に従っていきます。だんだん新しい筋ができ、新しい肉が生じてきます。今まで枯れた骨と見えていたのが、実に美しい身となりました。これは悔い改めの働きです。まことに幸いです。私たちはたびたびそれを見てきました。

これは悔い改めの働きです。けれども全き救いではありません。「その中に息はなかった」（八節）からです。たとい立派に見えても、生命《いのち》がありません。彼らは立派な信者です。聖書を研究します。寄付金をします。集会にも出席します。外面から見るならば、美しい潔《きよ》い身です。けれども息がないならば、その身はだんだんに腐っていきます。だんだん元の姿に返ってしまいます。立派な信者となったことは実に幸いです。けれども聖霊を受けないならば、また元に戻ってしまいます。枯れた骨となってしまうのです。

兄弟姉妹よ。パウロはなぜ教会についてあれほど嘆いたのでしょうか。なぜ霊を受けよと勧めたのでしょうか。なぜ信者に潔《きよ》めを受けることを勧めたのでしょうか。それは、信者が霊を受けなければ、まことに危ういからです。たとい完全な身体を有していても、息がないならば、次第に腐っていきます。たとい立派な信者でも、霊を受けないならば、これまで得てきた恵みを失ってしまいます。だんだん元の有様に立ち返ってしまいます。兄弟姉妹よ。私たちはたびたびそうしたことを見たのではないかと思います。どうぞ熱心に信者に霊を受けることを勧めてください。

信者はどのようにして霊を受けるのでしょうか。神は九節でそのことを教えておられます。

「そのとき、主は仰せられた。『息に預言せよ。人の子よ。預言してその息に言え。神である主はこう仰せられる。息よ。四方から吹いて来い。この殺された者たちに吹きつけて、彼らを生き返らせよ。』」

先には枯れた骨に預言しましたが、この時には息に預言しています。「息に預言せよ」とは、「神の力をもって御霊に祈れ」という意味です。枯れた骨に預言するとは、神の力をもって罪人に神の使命を与えることです。息に預言するとは、神の力をもって御霊に祈ることです。御霊に神の使命を与えることであると言えるでしょう。御霊に与える神の使命とは何でしょうか。それは、罪人の心の中に御霊が働かれることを指します。モーセが岩に命じ、岩が水を出したように、神は私たちに対して、御霊に預言する権威を与えてくださいました。神は私たちにそんな権威を与えておられるのです。どうぞ信仰をもって、この与えられた権威によって、御霊に預言するような祈りをささげなさい。

「私が命じられたとおりに預言すると、息が彼らの中に入った。そして彼らは生き返り、自分の足で立ち上がった。非常に多くの集団であった」(一〇節)。

説教とともに祈りをささげたいと思います。説教よりもむしろ祈ることに努めましょう。そうするときに、息が入って、罪人は生き返ります。ここに書かれているとおりに、御霊を得るならば、その足で立ち、多くの集団となります。神の強い兵隊となります。いま信者を見ると、多くが病を得て横になっているのではありませんか。その足で立って戦うことができない弱き兵隊ではありませんか。けれども、御霊を得るならば、その足で立って戦う強い兵隊となるのです。

枯れた骨が谷の中にあったときに、どこから生命《いのち》を得るか。それには、ただ一つの望み、エゼキエルによって生命《いのち》を得るという、ただ一つの望みがありました。エゼキエルが神の命じられたとおりに働かなかったならば、息が吹き込まれず、骨が生きることはありません。エゼキエルが神に服従して働かなかったならば、罪人は生命《いのち》を得ることができません。

兄弟姉妹よ。神はあなたを枯れた骨の谷に遣わされました。神はあなたの周囲にいる罪人に生命《いのち》を与えるようにとお命じになりました。神は卑しいあなたを用いて、愚かなあなたを用いて、このすばらしい働きをなさいます。あなたの責任は実に重大なものです。兄弟姉妹よ。命じられたように働かないならば、御霊が働いてくださって、罪人が生命《いのち》を得るようになることはありません。どうぞ神の御前に心を用いてください。神はあなたの手をもって実に大きな働き、栄えある働きをなしたいと願っておられます。神はあなたをとらえて天国の世継ぎを造りたいと望んでおられます。神の子どもを造りたいと願っておられます。枯れた骨を生かして、主の新婦となしたいと思っておられます。この大きな責任を感じ、感謝をもってこれを受け入れましょう。

この大きな責任を感じないならば、むしろ伝道をやめてしまうほうがよいかもしれません。けれどもこの大きな事業を果たそうとするならば、どうぞその責任を感じてください。あなたには、あなたの周囲にいる罪人を見、これに預言し、御霊に祈る責任があります。

ですから御霊を得た伝道者は、第一に見ることができます。第二に預言することができます。第三に祈ることができます。兄弟姉妹よ。この三つの中にあなたに不足があるとするならば、御霊のバプテスマを求めなさい。人間の状態を見ることができないならば、御霊の力を求めなさい。預言することができないならば、御霊の力を求めなさい。祈りの力がないならば、そのためにこそ御霊の力を求めなさい。

ヨハネ黙示録第五章

まず、一節から五節までをお読みします。

また、私は、御座にすわっておられる方の右の手に巻き物があるのを見た。それは内側にも外側にも文字が書きしるされ、七つの封印で封じられていた。また私は、ひとりの強い御使いが、大声でふれ広めて、「巻き物を開いて、封印を解くのにふさわしい者はだれか」と言っているのを見た。しかし、天にも、地にも、地の下にも、だれひとりその巻き物を開くことのできる者はなく、見ることのできる者もいなかった。巻き物を開くのにも、見るのにも、ふさわしい者がだれも見つからなかったので、私は激しく泣いていた。すると、長老のひとりが、私に言った。「泣いてはいけない。見なさい。ユダ族から出た獅子、ダビデの根が勝利を得たので、その巻き物を開いて、七つの封印を解くことができます。」

いま読んだヨハネの黙示録第五章の一節に、七つの封印で封じられた巻き物が出てきます。皆さんもすでにご存じのように、昔、人がもし貧苦に陥って自分の資産を他の人に売るときには、必ず封印された巻き物を渡して、先祖から受け継いだ資産を所有する権利の証書としました（エレミヤ三二・一一）。

私たち人間は神から与えられた資産を一時所有していましたが、私たちの先祖が神に背いて罪を犯したため、その資産を失ってしまいました。その資産とは、創世記二章、三章に記してあるエデンの園の幸福です。もしもこれを失わなかったならば、私たちはこの幸いを得て常に神と交わり、絶えず神の国の平安と喜びを味わい、ほかの動物を支配する力を持ち、死もなく罪もなく、汚れも不義もない者であったでしょう。けれども悲しいことに、人は罪を犯し、悪魔がこれを人類より奪い去ってしまいました。それゆえ人はみな貧しく、神から遠ざかり、神と交わることができなくなりました。そのため、心に平安と喜びはなく、死と神の刑罰を怖れ、実に憐《あわ》れむべき状態になりました。

皆さんははたしてどのような状況でしょうか。この資産を所有しておられますか。おのおのご自分を省みてください。皆さんは絶えず神と交わり、神に近づき、遠慮せず神に祈祷をささげておられますか。常に動揺することのない平安をそなえ、罪に打ち勝つ神の力と権威を有しておられますか。日夜流れて尽きない川のような喜びがありますか。あるいは、皆さんの中には、魂の資産を失った貧しい人が多くおられますか。

もしもこれを失っているとするならば、どのようにしてこれを取り戻すことができるでしょうか。三節を見ると、「天にも、地にも、地の下にも、だれひとりその巻き物を開くことのできる者はなく、見ることのできる者もいなかった」とあります。ですから、だれでもみな自分の力でこれを取り戻すことはできないのです。けれども私たちは愚かにも、しばしば自分の力や熱心さで取り戻すことができると考え、自分の努力で神に近づき、罪に打ち勝ち、心の中から汚れを追い出し、潔《きよ》き生涯を送ろうとします。そして、いつも失敗を重ねるだけで、少しも成功を収めることがありません。こうした経験は熱心な皆さんにも必ずあることと思います。実に私たちの力では決して資産を取り戻すことができません。

このように自分の力で取り戻すことができないことを知るのは、まことに悲しむべきことではありますが、これを認めることは悲しみの中の幸福です。ヨハネもこれを見て、激しく泣きました。

「巻き物を開くのにも、見るのにも、ふさわしい者がだれも見つからなかったので、私は激しく泣いていた」（四節）。

このように自分の力によって資産を取り戻すことはできず、聖霊を受けることもできないとするならば、どうしたらよいでしょうか。実に痛哭《つうこく》の至りではありませんか。皆さんはこのことによってしばしば自分の弱さを知り、自分の決心が衰え、勇気が砕け、望みを失い、絶望悲嘆の淵に沈むことがありませんか。今晩この席に集まっている皆さんの中にも、自分の弱さを認めている方が多いことでしょう。けれども神は、また喜ばしい音信を皆さんに与えてくださいます。

「長老のひとりが、私に言った。『泣いてはいけない』」（五節）。

私もまた皆さんに申し上げます。「泣いてはいけません。皆さんはもしかして失敗の歴史を重ね、罪を犯して献身の生涯を汚したことがあるでしょう。けれども、決して泣いてはなりません。皆さんのために贖《あがな》い主となり、皆さんのために資産を取り戻し、皆さんのために巻き物を開く方がおられます。神の御名はほむべきです。神の恵みは感謝すべきです。ハレルヤ！」と。

私たちには資産を取り戻す力は少しもありません。けれども、主イエス・キリストはこれを得て、私たちに与えてくださいます。主はこのことのために天国を捨てて、この世に降り、ご自身の血を流されました。悪魔は自分がこれをイエスに与えようと思い、「もしひれ伏して私を拝むなら、これを全部あなたに差し上げましょう」（マタイ四・九）と言いました。主はこれを悪魔の手から受けることもできましたが、そのようにすれば、人を真に救うことができないことを知っておられました。またある時は、人々がイエスを立てて王としようとしました。それで、人の手によって栄華を得ることもできました。けれども、そのようにすれば、やはり人を救うことができません。そのため、王にされることを良しとなさいませんでした。

「そこで、イエスは、人々が自分を王とするために、むりやりに連れて行こうとしているのを知って、ただひとり、また山に退かれた」（ヨハネ六・一五）。

主は十字架に上り、ご自身の血を流し、肉を裂かなければ、ほかに道のないことを知っていましたから、悪魔の策略に乗らず、世の人たちの推挙を退け、あえて十字架の苦刑をお受けになりました。それで今も、十字架の上で流した血によって、私たちの一度失ったものを取り返してくださいます。これは実に幸いであると言わなければなりません。

「さらに私は、御座――そこには、四つの生き物がいる――と、長老たちとの間に、ほふられたと見える小羊が立っているのを見た。これに七つの角と七つの目があった。

その目は、全世界に遣わされた神の七つの御霊である」（黙示録五・六）。

ここを見ると、私たちの主は神の子であられますが、私たちのために屠《ほふ》られた小羊であると言われています。けれども、主は小羊と呼ばれるだけでなく、五節で「獅子」と言われています。これは、主が力を持っておられることを示しています。主は私たちのために屠《ほふ》られる小羊ですが、同時に敵に打ち勝つ獅子のような力を持っておられるということです。ですから、主は小羊のように血を流して私たちのために価を払い、獅子のように力をもって私たちのものを敵の手から取り戻してくださるのです。

この小羊に「七つの角があった」と記していますが、「七つの角」とは小羊の力の強さを示します。これはちょうど、マタイの福音書二八章一八節に「わたしには天においても、地においても、いっさいの権威が与えられています」とあるのと同じことです。そして、「七つの目があった」とは、ちょうどコロサイ人への手紙二章三節に「このキリストのうちに、知恵と知識との宝がすべて隠されているのです」とあるように、主が完全な知恵を持っておられるということです。また、この「七つの目」をもって私たちを常に見ておられるので、一つとして主の目に隠れるものはないということでもあります。

以上申し上げたことは、私たちのために屠《ほふ》られ、死からよみがえり、天に昇られた主なるイエスのことです。どうぞ皆さんがこのような主の栄光と、主の権威と、救いの力をご覧になることを切に望みます。皆さんは今日に至るまで、自分の力を尽くし、心を煩わしても、ついに資産を得ることができませんでしたが、今や主は全能の力をもってこれを手にして、皆さんに与えてくださいます。私たちは自分の力では決して聖霊を受けることも、その価を償うこともできません。けれども、主は自らの血を流してこれを受け、私たちにもこれを授けてくださいます。兄弟姉妹よ。すべての権威をもって天に座しておられる主に目を向けなさい。

「小羊は近づいて、御座にすわる方の右の手から、巻き物を受け取った」(七節)。

この巻き物とは資産の象徴で、資産とは神の聖霊です。私たちの喜びも平安も力も、神と交わることも、すべて聖霊から来るものです。天に昇った主は父なる神から聖霊をお受けになりましたから、もしこの主を信じ、昇天なさった主の権威を信じれば、聖霊を受けることができます。エペソ人への手紙一章三節に、「私たちの主イエス・キリストの父なる神がほめたたえられますように。神はキリストにあって、天にあるすべての霊的祝福をもって私たちを祝福してくださいました」とあるように、神はすでに聖霊を私たちに授けてくださいました。けれどもエペソ教会の信徒のように心の目を閉じてこれを見ないならば、あるいは不信仰で自分に与えられたすばらしい恵みと力を知らないならば、父なる神の豊かな賜物を悟ることがありません。しかし主は聖霊を私たちのために送って、エデンの園の幸いと喜びを私たちに与えてくださいます。昇天なさった主に目を向けなさい。

昔、弟子たちは昇天された主を見たときに、ペンテコステの日の聖霊を授けられました。主は皆さんのために、私のために、すばらしい恵みを与えてくださいます。聖霊は私たちのものです。罪人は聖霊を失いましたが、主は貴き血をもって私たちのために罪を贖《あがな》って、聖霊を受けられるようにしてくださいました。ですから、聖霊はすでに皆さんのものです。主イエス・キリストは私たちの中に立って、「聖霊を受けよ」と命じておられます。主は私たちのために罪を贖《あがな》ってくださったので、このようにお命じになったのははなはだ理にかなうことではありませんか。神は「すべては、あなたがたのものです」（Ｉコリント三・二二）とおっしゃいました。主は罪を贖《あがな》い、資産を買い取って、これを皆さんに与えてくださいます。兄弟姉妹よ。聖霊は皆さんのものです。聖霊はあなたがたのものです。

昇天された主は、このように貴き血を流して罪を贖《あがな》って、聖霊を与えてくださいますが、私たちはどうすればよいのでしょうか。私たちは一生懸命努力をし、悶《もだ》え苦しんで、聖霊が与えられることを信じる信仰を起こすのでしょうか。富む人が大金を与えると約束してくれたときに、努力してそのことを信ずる必要などありません。ただ喜んでそれを受ければよいのです。ちょうどそれと同じように、主は信ずる者に祝福に満ちた聖霊を惜しみなく与えてくださいますから、ただ信仰をもってこれを受け、感謝すればよいのです。

「彼が巻き物を受け取ったとき、四つの生き物と二十四人の長老は、おのおの、立琴と、香のいっぱい入った金の鉢とを持って、小羊の前にひれ伏した。この香は聖徒たちの祈りである」(八節)。

主が天に現れたとき、天にあるすべてのものは立って、主の御名を賛美しました。これはごく自然のことであって、そのようでなければなりません。彼らは心の底から神の御前に喜びました。私たちは主の救いを教えられ、あるいは聖書を開いてこれを読んでも、少しも喜びや平安を感ぜず、冷たい心をもって看過してしまいます。けれども、天にあるものは心の底から喜びと感謝をささげています。使徒パウロも主の救いを見たときに、神の御前にそのように喜びを表しました。私たちもこのように神の御前に喜び、その恵みを受けたいと思います。天にある聖徒はひれ伏して主を拝し、主を賛美しました。私たちも悶《もだ》え苦しんで、いくらかの信仰を増そうとするのではなく、祝福にあふれた聖霊を受けたいと願います。

「彼らは、新しい歌を歌って言った。『あなたは、巻き物を受け取って、その封印を解くのにふさわしい方です。あなたは、ほふられて、その血により、あらゆる部族、国語、民族、国民の中から、神のために人々を贖《あがな》い、私たちの神のために、この人々を王国とし、祭司とされました。彼らは地上を治めるのです』」(九～一〇節)。

私たちも今夜、天にある長老らとともに新しい歌を歌うことができないでしょうか。皆さんは自分が救われることを信じて感謝の歌を歌われましたか。今や神の聖霊を与えられ、新たな恵みにあずかったのですから、新しい歌を歌わなければなりません。主は聖霊を与える力を持っておられますから、そのことを信じて、少しも疑い恐れる必要がありません。主はこのように絶大な権威を持っておられますから、このことを信じれば、それが信じるに値することを知るようになるでしょう。これまで疑惑の雲霧に覆われて聖霊を受けることのできなかった兄弟姉妹方には、主の力と主の権威を信じるようにお勧めします。血を流し、死よりよみがえった主が、聖霊を与える力を備えておられることは間違いありません。

なるほど私たちは主によって罪から救い出され、罪の束縛を逃れた者ですから、救いの賛美を長老らとともに歌うことができます。けれども、今また一歩を進め、王とされ、祭司とされたことを感謝することができるでしょうか。すでに聖霊の油を注がれて、王のように、祭司のように力と恵みを得たと感謝することができるでしょうか。私は、皆さんがこのようにできることを切に願ってやみません。

私たちの歌うべき感謝は、ただ過去と現在の恵みを感謝するだけでなく、「彼らは地上を治めるのです」、すなわち未来に与えられる恵みをも感謝するものでなければなりません。主は私たちを栄光から栄光へと導く約束を与えてくださいましたから、未来の喜びと希望を抱いて新しい歌を歌わなければなりません。このように私たちが新しい喜びの歌を歌うならば、私たちの周囲にいる人々もこれを聴き、自らの頑なな心を和らげ、私たちと共に神の御名を賛美するようになるでしょう。

「また私は見た。私は、御座と生き物と長老たちとの回りに、多くの御使いたちの声を聞いた。その数は万の幾万倍、千の幾千倍であった。彼らは大声で言った。『ほふられた小羊は、力と、富と、知恵と、勢いと、誉れと、栄光と、賛美を受けるにふさわしい方です』」(一一〜一二節)。

兄弟姉妹よ。皆さんは天の御使いと共に、このように献身の歌を歌うことができますか。私たちの権威も富も知恵も力も、すべてのものは神の手に帰すべきものです。ですから私たちは自分の身を全く主にささげ、宝も地位も何もかも主の御手に委ねなければなりません。今晩、主の恵みを深く味わう人々は、この歌をも歌うことを願うでしょう。そしてこのように歌を歌うことができたならば、その結果はただ一人だけにとどまらないで、多くの人々に大きな感化を与えるものとなります。

歌を歌いつつそれぞれの持ち場に帰るならば、きっと他の人の心に大きな影響を与え、皆さんとともに感謝と賛美の歌を歌うようになることは、火を見るよりも明らかです。ちょうど、静かな湖に石を投げれば、その波紋が広がって、ついに岸に達するように、皆さんの心の中に新しい歌を投ずるならば、必ず人から人へと伝わり、多くの人々が神に感謝するようになります。

「また私は、天と地と、地の下と、海の上のあらゆる造られたもの、およびその中にある生き物がこう言うのを聞いた。『御座にすわる方と、小羊とに、賛美と誉れと栄光と力が永遠にあるように』」（一三節）。

これは、すべての栄光を神に帰すことです。私たちの受けた恵みやすべての賜物は、神からの賜物であって、私たちの信仰の結果でも献身の報いでもありません。ですから私たちのこれまで受けた平安と喜びについて、栄光を神に帰さなければなりません。

「また、四つの生き物はアーメンと言い、長老たちはひれ伏して拝んだ」（一四節）。

これは実に一大アーメン（「そうです」の確答）です。私たちも、四つの生き物とともにこのアーメンを叫ぶことができるでしょうか。主は聖霊を与えようと仰せられるならば、皆さんはこれに対してアーメンと叫ぶことができるでしょうか。あるいは、「自分自身を全く主に委ね、献身的生涯を送ります」との祈祷を聞くときに、これに対してアーメンと言うでしょうか。「すべてのものを神の御手より受け、すべてのものを神に帰します」という祈りを聞いたならば、これに対してアーメンと答えられるでしょうか。神の耳に達するように、心からアーメンと唱えることができるでしょうか。

兄弟姉妹よ。私は、皆さんが神の御前にひれ伏し、神を拝し、神の恵みを仰ぎ、この恵みを自分のものとし、自らへりくだって神に奉仕なさるように、切に願っています。

主イエスの昇天

「使徒の働き」一章九節から一一節をお読みします。

こう言ってから、イエスは彼らが見ている間に上げられ、雲に包まれて、見えなくなられた。イエスが上って行かれるとき、弟子たちは天を見つめていた。すると、見よ、白い衣を着た人がふたり、彼らのそばに立っていた。そして、こう言った。「ガリラヤの人たち。なぜ天を見上げて立っているのですか。あなたがたを離れて天に上げられたこのイエスは、天に上って行かれるのをあなたがたが見たときと同じ有様で、またおいでになります。」

この記事は、主イエスが昇天なさった栄光の姿ですが、私たちもガリラヤ人と共にベタニヤの山頂に立って、これを見たいものです。またこれを見るだけでなく、これによって主の再臨を待ち望む心をも起こしたいものです。

「彼らが見ている間に上げられ」とあります。主の昇天は、ただ理論で知り、これを教えとして理解しただけでなく、実際に肉眼で目撃した事実でした。およそ主の与えてくださった教えはこれと同じで、主は世の罪を贖《あがな》う時も、人の見ることができる肉体を取り、人の見ることができる十字架にかかり、また人の見ることができる復活をなさいました。それで弟子たちは自らが身近で目撃した事実を人々に宣べ伝えることができました。

私たちもこれと同じように、ただキリストの十字架を知り、その復活を理解し、その昇天を学んだとしても、これらの真意を自分の霊に体験し、力と結果を身近に感じないならば、自分をも他の人をも益するところがありません。主のご在世の当時、ご自分の昇天を預言して、「それでは、もし人の子がもといた所に上るのを見たら、どうなるのか」（ヨハネ六・六二）と言われたので、弟子たちがもしこの御言葉を信じていたならば、主の昇天を待ち望んだことでしょう。

「それから、イエスは、彼らをベタニヤまで連れて行き、手を上げて祝福された。そして祝福しながら、彼らから離れて行かれた」（ルカ二四・五〇～五一）。

主は昇天する際、弟子たちを祝福なさいました。弟子たちはただ驚いて天を仰いでいましたが、主イエスは地を眺めておられました。あのステパノが石に撃たれてまさに死ぬときに、天を仰いでその栄光を見ました。けれども主が昇天するときには、天を仰ぎ見ず、かえって地上を見下ろし、小さな群れである弟子たちを祝福されました。ここから考えると、主が昇天して栄光と権威を取られたのは、結局のところ私たちのため、また教会のためであって、ご自身がお受けになったように栄光と恵みを私たちにも分け与えようと望んでおられるのです。

「雲に包まれて、見えなくなられた。」

主は雲に乗って天に昇られました。これは、主が万物を司る力を持っておられることを示したものです。主はこの世におられたときに、激しい波の上を歩み、吹き荒む嵐を鎮め、多くの魚を集め、すべての病を癒《いや》し、悪鬼を追い出して、神の力をお示しになりましたが、最後に雲に乗って天に昇ることによって全能者の力を示されました。

「水の中にご自分の高殿の梁を置き、雲をご自分の車とし、風の翼に乗って歩かれます」（詩篇一〇四・三）とあるのは、神のことを述べたもので、これは「主は雲の中にあって降りて来られ、彼とともにそこに立って、主の名によって宣言された」（出エジプト三四・五）、「エジプトに対する宣告。見よ。主は速い雲に乗ってエジプトに来る」（イザヤ一九・一）と記している御言葉を参照しても、明らかな事実です。そしてイエスも昇天するときに、雲をご自分の車として、これに乗って天の父のもとに昇られましたから、このことによって主は万軍の主であって、神の栄光と権威をお持ちであるお方であることを知ることができます。ちょうど、マノアが主の使いと語りながら、初めそれが主の使いであることを知りませんでしたが、祭壇の炎の中で上っていく姿を見て主の使いであることがわかって、地にひれ伏したように（士師一三・二〇）、私たちも主が雲の中に昇天されたのを見るときに、それによって主イエスが神であることとその栄光を知って、御前にひれ伏し、主を拝さなければなりません。

主が天に昇られたのは、霊をもって私たちと共に住むためです。これは主の昇天の栄光です。主は昇天したので、その御声をこの世に発せられるのです。私たちも主の昇天の栄光を見るときに、その栄光を神に帰し、自らの弱さを悟って、主の全能の力を認めるようになります。そのところで昇天した主はペンテコステの恵みを私たちに与えてくださいます。ペンテコステの日に、弟子たちは主の昇天の栄光を見て、これを拝したので、主は彼らに聖霊を降してくださいました。イスラエルの神は私たちのイエス・キリストです。神の御名はほめられるべきです。主の御名は貴ぶべきです。

「神は喜びの叫びの中を、主は角笛の音の中を、上って行かれた」（詩篇四七・五）。

これは、主が昇天されたとき、天のあふれるばかりの栄光と喜びを記したもので、弟子たちはこの声を聴かなかったでしょう。けれども天の使いは確かに歓喜の声をあげて、凱旋の主イエスをお迎えしたに相違ありません。また、主が再臨する時にも、必ずこのような歓喜の声と角笛の音と共に来られるでしょう。

詩篇六八篇は主の昇天を預言したものですが、その四節に「神に向かって歌い、御名をほめ歌え。雲に乗って来られる方のために道を備えよ。その御名は、主。その御前で、こおどりして喜べ」と記されています。

また詩篇二四篇は、主と共に天に昇った天使の叫び声です。神の国の石垣の上に立つ天使に、「だれが、主の山に登りえようか。だれが、その聖なる所に立ちえようか」（三節）と尋ねたときに、主と共に昇った御使いは、「強く、力ある主。戦いに力ある主。門よ。おまえたちのかしらを上げよ。永遠の戸よ。上がれ。栄光の王が入って来られる」（八～九節）と答えます。主は実に十字架の戦いに勝ちをおさめて、王の御座に凱旋《がいせん》されました。しばらくの卑しい生涯をこの世で送り、人々からあざけられ、口汚い罵《ののし》りの言葉を浴び、無惨な虐待をお受けになりました。けれども今や天に昇り、神の栄光を受け、万軍の主となられました。

ああ、このとき主の栄光と天の喜びはどれほどのものだったでしょうか。天には賛美と歓喜の声が響き渡ったことでしょう。主の栄光と権威は光り輝いていたでしょう。そして、このように幾千万の天使に迎えられ、父の御座に帰った時ですら、なお地上の百二十人の弟子たちを忘れずに、二人の天使を送り、弟子たちの寂しさと悲しみに満ちた心を慰められました。主イエスが父のもとに帰られた時、王の御座には輝く多くの天使がいるのに、なお罪に汚れたこの世の弟子たちを覚えて、これを愛するというそのお心は、実に驚くべきことではありませんか。

また、この二人の天使から私たちは服従を学ばなければなりません。天は凱旋の喜びに満ち、栄光と賛美にあふれる時ですから、他の天使らとともに天の喜びと栄光に浴したいのは自然の感情ですが、これらを捨てて、ただ神の命令に従い、主の御言葉を弟子たちに伝えるために、この世に降ったことは、私たちの学ぶべき服従の模範でしょう。

「私がまた、夜の幻を見ていると、見よ、人の子のような方が天の雲に乗って来られ、年を経た方のもとに進み、その前に導かれた」(ダニエル七・一三)。

主が昇天したとき、ただちに神の御前に導かれました。また「この方に、主権と光栄と国が与えられ、諸民、諸国、諸国語の者たちがことごとく、彼に仕えることになった。その主権は永遠の主権で、過ぎ去ることがなく、その国は滅びることがない」(同一四節)。このように父なる神は主イエスに権威と栄光をお与えになりました。もっとも主イエスは世の初めより権威と栄光をそなえておられましたが、昇天によって新たな権威と栄光を与えられたのです。

「主は、私の主に仰せられる。

『わたしがあなたの敵をあなたの足台とするまでは、
わたしの右の座に着いていよ。』」（詩篇一一〇・一）

これは、主が昇天されたとき、父なる神が主イエスに語られた言葉です。

「ダビデは天に上ったわけではありません。彼は自分でこう言っています。

『主は私の主に言われた。

わたしがあなたの敵をあなたの足台とするまでは
わたしの右の座に着いていなさい』」（使徒二・三四～三五）。

それで、ペンテコステの日に聖霊を送られたことから、主は確かに神の御座に昇られたことを知ることができます。「神は、かつてどの御使いに向かって、こう言われたでしょう。『わたしがあなたの敵をあなたの足台とするまでは、わたしの右の座に着いていなさい』」（ヘブル一・一三）とあるところから考えると、神の御座に座られたことによって主イエスが神であることを知ることができます。

そして主の昇天はまさに私たちのためです。主は先に、私たちを救うために天国とその栄光を捨ててこの世に降りましたが、私たちのために昇天して、再び栄光を与えられました。ですから、私たちは主の昇天によって五つの恵みを受けることができます。今これを一つ一つ申し上げれば、以下のとおりです。

①「イエスは私たちの先駆けとして」（ヘブル六・二〇）。

主イエスは私たちの先駆けをして天に昇られましたから、私たちも主イエスの昇天と同じ栄光に入ることができます。すなわち、主は先に昇って私たちのために準備しておいてくださるのです。

②「イエスは……そこに入り、永遠にメルキゼデクの位に等しい大祭司となられました」（同節）。

主イエスは私たちの大祭司ですから、この方によって父なる神に近づき（「私たちのためには、もろもろの天を通られた偉大な大祭司である神の子イエスがおられるのですから、私たちの信仰の告白を堅く保とうではありませんか」（同四・一四））、また主の備えた道によって（「また、私たちには、神の家をつかさどる、この偉大な祭司があります。そのようなわけで、私たちは、心に血の注ぎを受けて邪悪な良心をきよめられ、からだをきよい水で洗われたのですから、全き信仰をもって、真心から神に近づこうではありませんか」（ヘブル一〇・二一～二二））、恵みの座に近づくことができるのです。

③「したがって、ご自分によって神に近づく人々を、完全に救うことがおできにな

ります。キリストはいつも生きていて、彼らのために、とりなしをしておられるからです」（ヘブル七・二五）。

主は絶えず私たちのために父なる神にとりなしていてくださいます。「あなたがたが罪を犯さないようになるためです」（Ｉヨハネ二・一）と記されているように、信仰者は常に罪を犯すことがなく、潔《きよ》く無垢な生涯を送るべきですが、実際に自らの生涯を顧みると、数多くの罪や失敗があることを発見します。とはいえ、私たちは神の恵みをまだ受けていないと思って、失望するのでしょうか。否、決してそういうわけではありません。神の御前にあって常に私たちのためにとりなしていてくださる大祭司である主イエスがおられるのですから、失望するには及びません。「その二つの石を、イスラエルの子らの記念の石としてエポデの肩当てにつける。アロンは主の前で、彼らの名を両肩に負い、記念とする」（出エジプト二八・一二）とあるように、主なる大祭司は常に私たちの名を神の御前に憶えておられます。また「わたしは手のひらにあなたを刻んだ」（イザヤ四九・一六）とあるように、私たちの名は大祭司である主イエスの手のひらに彫り刻んであるのです。主イエスの手のひらには十字架の釘の跡がありますから、主は私たちの贖《あがな》いのしるしとともに私たちの名を父に示してくださいます。

④「しかし今、キリストはさらにすぐれた務めを得られました。それは彼が、さらにすぐれた約束に基づいて制定された、さらにすぐれた契約の仲介者であるからです」(ヘブル八・六)。
私たちは主イエスによって、新しい契約の恵みにあずかることができます。そしてこの契約は、ヘブル人への手紙八章一〇節より一二節までに記してある栄光に満ちた恵みの約束で、主はこの契約の仲保です。これが主の昇天の目的です。モーセは最初の契約の仲保でしたが、主イエスは新しい契約の仲保であり、まさに私たちにとってのモーセです。ですから主イエスはモーセのように、神の約束や、神の命令や、神の生ける言葉や、神の恵みを授けてくださいます。
「あなたは、いと高き所に上り、
捕らわれた者をとりこにし、
人々から、みつぎを受けられました。
頑迷な者どもからさえも。
神であられる主が、そこに住まわれるために。」(詩篇六八・一八)
主はこのような恵みを私たちに与えたいために昇天したのであって、決してご自分の栄光のために、あるいはご自分の平安のために天に昇られたのではありません。

「そこで、こう言われています。『高い所に上られたとき、彼は多くの捕虜を引き連れ、人々に賜物を分け与えられた』」(エペソ四・八)。ですから、すでに聖霊の賜物を得た人は、主の与えてくださった賜物、昇天した主より授けられた賜物を得たのです(使徒二・三三)。

このように、一度この世に来られ、十字架の上で血を流された主は、今や天にいて、新しき契約の仲保者となったので、この約束を必ず成就して、聖霊の賜物を降してくださるのです。

⑤「いっさいのものの上に立つかしらであるキリストを、教会にお与えになりました」(エペソ一・二二)。

これは実に教会の貴さを表すものです。万軍の主である神は、私たちの教会のかしらです。

今から数百年ほど前に、ウェールズが英国に反旗を翻して戦いを挑みましたが、敗れ、英国に降参し、英国の皇族を迎えて自国の君主とすることを願いました。そのとき英国の君主は自分の愛する子どもを与えて、ウェールズの君主としました。このことは歴史上の美談になっていますが、私たちに与えられた神の恵みはこれよりもはるかにまさることです。卑しい地上の教会に、ご自分のひとり子を与え、これを教会のかしらとなさいました。

ああ、なんと幸いなことではありませんか。実に栄光のあることではありませんか。主の昇天の栄光はどこにあらわれるかといえば、もちろん天国に輝きわたるものでしょう。けれども、教会の中に格別にあらわれるものであり、このことは主のお望みになるところです。

主はまた、ご自分の力と栄光と愛を豊かに教会の中にあらわされます。ちょうどランプに火をともすと、自ら光り輝くように、教会は主のランプとなって、主の栄光と主の恵みをこの世に放つ器とならなければなりません。ですから、教会は自らをあらわさず、あるいは教会の政治をあらわさずに、ただ主の光のみをあらわすものとなりたいと思います。主イエスは教会のかしらですから、私たちの教会のかしらは万軍の主である神です。これは実に幸いなことではありませんか。

以上申し上げたように、五つの身分を獲得するために主は昇天されました。ああ、私たちもこのような主の昇天の栄光を見たいと思います。そして主はこれをあらわそうと望んでおられます。さらに、主の昇天に伴うすべての恵みの約束を成就し、主の再臨の預言を実際目撃することができます。

「それから終わりが来ます。そのとき、キリストはあらゆる支配と、あらゆる権威、権力を滅ぼし、国を父なる神にお渡しになります」（Iコリント一五・二四）。

これは私たちの望みであり、必ずこの幸いな日を見ることができるのです。また、「この下られた方自身が、すべてのものを満たすために、もろもろの天よりも高く上られた方なのです」（エペソ四・一〇）。「主の栄光が全地に満ちている以上」（民数一四・二一）とありますように、主の昇天の栄光はすべてのものに満ちわたるに相違ありません。

こうして心の中に主の栄光を見た者は、潔《きよ》き生涯を送らなければなりません。「（私たちを）ともによみがえらせ、ともに天の所にすわらせてくださいました」（エペソ二・六）とありますように、私たちは主と共によみがえり、主とともに天に上る者ですから、この世とこの世に属する思いを捨て、主とともに天に属する者とならなければなりません。

創世記四五章を通して読むと、ヤコブの子ヨセフが穴より引き上げられて（よみがえらされて）エジプトの総理大臣となったとき、十一人の兄弟はエジプトに来て、ヨセフと同じ栄誉と幸福にあずかったことが記されています。ちょうどそれと同じように、私たちの兄である主は昇天なさったので、私たちも主と同じ栄光にあずかることができるのです。そうであるならば、朽ち果てるこの世のものを慕うようなことがないようにしなければなりません。天に属するすべての良きものはすべて皆さんのものです。主の恵みも主の栄光もみな皆さんのものです。私たちは主が愛してくださる弟ですから、兄なる主の行かれた父のもとへ行って、主と同じ力と生命《いのち》を受けることができます。

「父よ。お願いします。あなたがわたしに下さったものをわたしのいる所にわたしといっしょにおらせてください。あなたがわたしを世の始まる前から愛しておられたためにわたしに下さったわたしの栄光を、彼らが見るようになるためです」（ヨハネ一七・二四）。

これは私たちの大祭司の祈りです。主は私たちに主の栄光を現すことをお望みです。ですから、私たちは今もこのような主の栄光を見ることができるのです。

「次のことばは信頼すべきことばです。『もし私たちが、彼とともに死んだのなら、彼とともに生きるようになる』」（Ⅱテモテ二・一一）。

もしもこの世にあって主とともに苦しみを受けるならば、未来において必ず主とともに王となることができるのです。どうぞ皆さんが一人ももれることなく王となって、主イエスとともに神の御座に着き、栄光の冠を得られるよう切に望む次第です。

神の栄光を見る障害

イザヤ書四〇章一節から八節までをまずお読みします。

「慰めよ。慰めよ。わたしの民を」と
あなたがたの神は仰せられる。
「エルサレムに優しく語りかけよ。
これに呼びかけよ。
その労苦は終わり、その咎《とが》は償われた。
そのすべての罪に引き替え、
二倍のものを主の手から受けたと。」
荒野に呼ばわる者の声がする。
「主の道を整えよ。
荒地で、私たちの神のために、

大路を平らにせよ。
すべての谷は埋め立てられ、
すべての山や丘は低くなる。
盛り上がった地は平地に、
険しい地は平野となる。
このようにして、主の栄光が現されると、
すべての者が共にこれを見る。
主の御口が語られたからだ。」
「呼ばわれ」と言う者の声がする。
私は、
「何と呼ばわりましょう」と答えた。
「すべての人は草、
その栄光は、みな野の花のようだ。
主のいぶきがその上に吹くと、
草は枯れ、花はしぼむ。
まことに、民は草だ。

草は枯れ、花はしぼむ。
だが、私たちの神のことばは永遠に立つ。」

もしも私たちに草のように自分の肉の力があり、野の花のように肉の栄華があるならば、聖霊が私たちに息を吹いて、すべてこうしたものを根本よりしぼませてくださることを切望します。続けて九節からです。

シオンに良い知らせを伝える者よ。
高い山に登れ。
エルサレムに良い知らせを伝える者よ。
力の限り声をあげよ。
声をあげよ。恐れるな。
ユダの町々に言え。
「見よ。あなたがたの神を。」
見よ。神である主は力をもって来られ、
その御腕で統べ治める。

見よ。その報いは主とともにあり、
その報酬は主の前にある。
主は羊飼いのように、その群れを飼い、
御腕に子羊を引き寄せ、ふところに抱き、
乳を飲ませる羊を優しく導く。（同九～一一節）

神は常に「あなたがたを慰めよ」と命じ、聖霊である慰め主を皆さんに与え、「あなたがたの神は来られた」との福音を聞かせてくださいます。今も聖霊は私たちのもとに来て、未来においても神は必ず皆さんのもとに来られますから、今晩、兄弟姉妹とともに主にお会いするという希望を抱いて、この集会を開きたいと思います。先に読んだ、「このようにして、主の栄光が現されると、すべての者が共にこれを見る」（五節）という御言葉は、この教職者会に集まる私たちに与えられた約束でしょう。神は常に豊かな恵みを私たちに与え、ご自身の顔の覆いを脱ぎ去って、輝く栄光を現すことを望んでおられます。それゆえ、このたびの教職者会においても、神は私たちの上に聖霊の恵みを降《くだ》してくださることを確信しております。

といいましても、いま読んだ御言葉にあるような神の栄光を見ようと思えば、「すべての谷は埋め立てられ、すべての山や丘は低くなる。盛り上がった地は平地に、険しい地は平野となる」（四節）と記してあるように、神の栄光を見るのに障害となるものをすべて打ち捨てなければなりません。ちょうど、小さな貨幣で目を遮ると、太陽の光をも覆い隠すように、些細《ささい》な罪でもしばしば神の栄光を覆い隠すものです。私たちの過去の行為を顧みて、このように悲しむべき経験はないでしょうか。実に小さな貨幣一枚のような小さい罪によって、あるいはこの世に属するわずかな思いによって、神の栄光を遮り、暗くしたことがないでしょうか。どうぞ、こうした障害をことごとく打ち捨てて神の栄光を見たいものです。

それでは、神の栄光を見ることを妨げるものはどのようなものでしょうか。

第一に、罪です。

もしも私たちが心に汚れた思いを抱き、私たちの生涯に罪となる行為があるならば、神の栄光を見ることはできません。ですから、いま神の御前に出て、それぞれの心を省み、日々の生涯を省みなければなりません。私たちは一言一行神の御旨に従い、朝から暮れに至るまで日々神の御旨を実行しているでしょうか。どうぞ公平な心をもって自分の実情を判断してください。もしも私たちの間に悪い感情がわだかまり、あるいは高慢我欲の思いがあるならば、神の栄光を見ることはできません。

人は、一方で肉に属するものを楽しみながら、一方には霊の恵みを得たいと願うものです。けれども、これは決して得ることができない不当の望みと言わなければなりません。素直な心をもって神の御前に出なければなりません。

兄弟姉妹よ。皆さんは偽りや飾りのない心をもって霊の恵みを求めることができますか。私たちのかつての事を思い起こすならば、実に恥ずかしいことがあったのではないでしょうか。こうした恵みの座においてすら、しばしば悪い感情が起こり、争いが生じたことは、まことに恐ろしい罪だと思います。神が一度潔《きよ》めてくださったものを再び汚すのは、最も大きな罪であって、神の重い刑罰を受けなければなりません。

神は初代の教会を潔《きよ》め、弟子たちには特別な力を与えて、ご自身の栄光を著しく現されましたが、そのときにアナニヤとサッピラはわずかな金銭を貪《むさぼ》って、偽りの献身をし、神の栄光を汚してしまいました。それで、神は直ちにこれを罰し、彼らを撃ち殺してしまわれました。その後、神の教会において二人よりもひどい罪を犯す者が多くあったにもかかわらず、アナニヤやサッピラのような厳刑に処せられないのはなぜでしょうか。それは、初代の教会が神の特別な祝福を受け、聖霊の栄光と力が著しく現れていたときに、これを汚したからでありましょう。

兄弟姉妹よ。私たちも一度潔《きよ》められた神の教会を汚すことのないよう、すべての罪を打ち捨て、これを全く撃ち殺して神の御前に出たいものです。

第二に、愛の欠乏です。

ペンテコステの時、百二十人の弟子たちがひと所に集まって聖霊の降臨を祈り求めたとき、互いに心を合わせ、思いを一つにし、そのあいだ少しも恨みやねたみもなく、対立することもなく、みな共に愛し合い、祈り合い、熱心に神の恵みを求めました。それゆえに、神も喜んで彼らの上に愛の聖霊をお降《くだ》しになりました。

けれども、悲しいことに、私たちの中にこのような愛と一致の精神が欠乏したために、しばしば神の恵みを妨げてしまいました。もしも私たちの間に対立があり、互いに反目するようなことがあれば、神の恵みを大いに妨げますから、そのようなことのないよう、十分気をつけなければなりません。

私たちは今それぞれ自分を顧みるときに、はたして兄弟姉妹を愛する愛があるでしょうか。聖霊によって一つとなっているでしょうか。水の乏しい痩せ地に草木を植えると、枝や葉が変じて、棘《とげ》になってしまいます。一方、棘《とげ》のあるものを水の豊かな肥えた地に植えると、枝や葉に変わり、良い香りのする美しい花を開くようになります。ちょうどそのように、私たちが他の兄弟姉妹に対して棘《とげ》のある心を持ち、悪い感情を抱いてしまうのは、聖霊の水が乏しくて愛が足りないからです。兄弟姉妹よ。私たちは聖霊の水を注がれて、心の棘《とげ》をなくし、一致和合して神の恵みを求めたいと思います。

第三に、神の御旨に従うことを好まないことです。

私たちが神の御声を聞き、神の恵みを得ようと思うならば、神の道を歩まなければなりません。また、歩みたいと思う心を抱かなければなりません。私たちがしばしば涙を流して神に叫び求めても、少しも聖霊の恵みを受けることができず、私たちの生涯が全く変化しないのは、神の道を歩むことを好まないからです。

神は負うべき十字架を皆さんに示し、歩むべき道を教えてくださいます。皆さんの周囲には、罪に沈んで滅亡の中にさまよい、神を離れ、人に捨てられ、憐《あわ》れむべき有様の中に苦しみ、いまだ福音を聞いたことのない多くの人々がいるでしょう。神がもしも皆さんにこのような人々と交わり、福音を伝えるようにとお命じになったならば、喜んで自分の名誉や地位や権利を打ち捨て、自らを殺して主のご命令に服従しなければなりません。これが主の歩まれた道でした。主は罪人のためにご自分を捨て、皆さんの負うべき十字架を示されました。皆さんはこのような道を教えられながら、それでも自分の好むところを捨てず、旧来の行為を改めようとせず、主のお命じになった十字架を拒んで、これを負うことを好まないということがないでしょうか。

神がもしも新たな道を教えてくださったならば、私たちは神の御旨にかなわないすべてのものを投げ捨てて、ただ神の道を歩みたいと思います。

第四に、人にだけ眼を向けることです。

このことはこうした集会において生じる一大危険です。もしも人に眼を注ぎ、神を見ることがないならば、たとえば、あの人の話には耳を傾けるけれども、この人には注意を払わないということでは、決して神の恵みを受けることができません。

昔、神は堅い岩を打ち砕いて、イスラエルの民に水を与えましたが、そのように、聖書に基づいて語る兄弟姉妹の口から活きた水を与えてくださいます。ですから、集会に出席するときには、ただ神にお会いしようという希望を持って集うことが必要です。そのような希望を抱いて、集会に出ない時でも、ひとり密室に退き、神と共に静かな交わりを持つようにしなければなりません。

皆さんはこの集会に集まる時だけ神のことを考え、宿に帰ると、世の中のつまらない話に時を移して、一度得た恵みをも失ったようなことはないでしょうか。この三日の間、祈祷をもって送りたいものです。集会に集まった時が、神の恵みを受けるのに最も適当な時というわけではありません。かえって、ひとり神と交わる時こそ、神より最も祝福される時です。

私は英国にいたとき、しばしばケズィック・コンベンションに出ました。そこは聖霊に満たされた熱心な人々が多く集まるところですから、非常に盛大な集会が開かれて、熱い説教を聞いて大きな恵みを受けることができました。けれども、私が霊的な面で非常に大きな恵みを受けたのは、むしろこうした公の集会よりも、自分の密室に退き、ひとり聖書をひもとき、静かに神に交わった時でした。

愛する兄弟姉妹よ。私は皆さんを愛し、嘘偽りなくお話ししますが、今は皆さんの霊にとっては危急存亡の時（クライシス）ですから、常に感謝と祈祷をもって神と交わりなさい。そのようにして神の御前に出るならば、神の御旨を動かし、すばらしい祝福を受けることになるでしょう。終わりにひとこと申し上げたいのは、それぞれ自分の実情を知るということです。これは最も幸いなことであり、また最も困難なことです。

かつて英国に一人の熱心な牧師がいましたが、この人は人の眼から見たときに実に熱心で、その働きも顕著な結果を生み、多くの罪人が悔い改めました。それで、この牧師も心密かに満足していました。あるとき、疲れから椅子に寄りかかって眠ってしまいました。すると、秤や物差しや化学器械を持った見知らぬ人が彼に近づいて来て、「あなたの熱心を私に示しなさい。私がそれを分析しますから」と言いました。牧師は大いに喜んで、自分の熱心を取り出して分析を願いました。すると夢の中で、その熱心が一つの結晶体のようなものでしたから、その人は分析の結果を以下のように書いて、牧師に渡してくれました。

栄光の座を望む候補者の熱心の分析表

総量一〇〇ポンドのうち

凝《こ》り固《かた》まり……………………………一〇
野心……………………………………二三
名誉心…………………………………一九
宗派の自慢……………………………一五
才知の自慢……………………………一四
権勢を貪る心…………………………一二
正味の熱心……七 ｛神を愛する心……四
　　　　　　　　　 人を愛する心……三

どうぞ私たちの心も神の分析を受け、心の奥を深く探られ、もしも隠れた罪があるならば、神の曇りのない光に照らされて、示されるようにと願います。たとえそのために私たちの熱心の正味がわずかに一〇〇分の七だけになったとしても、その真実の状態を示されることが必要です。

私たちが罪の世に住み、汚れた肉を持ちながら神の栄光を見ることができるのは、この上もなく幸いなことですから、私たちはすべての障害を取り除き、信仰を持って神の御前に出て、この恵みを待ち望みたいと思います。

生命《いのち》の水の川

旧約聖書のエゼキエル書四七章一節から一一節をお読みします。

彼は私を神殿の入口に連れ戻した。見ると、水が神殿の敷居の下から東のほうへと流れ出ていた。神殿が東に向いていたからである。その水は祭壇の南、宮の右側の下から流れていた。ついで、彼は私を北の門から連れ出し、外を回らせ、東向きの外の門に行かせた。見ると、水は右側から流れ出ていた。

その人は手に測りなわを持って東へ出て行き、一千キュビトを測り、私にその水を渡らせると、それは足首まであった。彼がさらに一千キュビトを測り、私にその水を渡らせると、水はひざに達した。彼がさらに一千キュビトを測り、私を渡らせると、水は腰に達した。彼がさらに一千キュビトを測ると、渡ることのできない川となった。水かさは増し、泳げるほどの水となり、渡ることのできない川となった。彼は私に、「人の子よ。あなたはこれを見たか」と言って、私を川の岸に沿って連れ帰った。私が帰って来て見ると、川の両岸に非常に多くの木があった。彼は私に言った。「この水は東の地域に流れ、アラバに下り、海に入る。海に注ぎ込むとそこの水は良くなる。この川が流れて行く所はどこででも、そこに群がるあらゆる生物は生き、非常に多くの魚がいるようになる。この水が入ると、そこの水が良くなるからである。この川が入る所では、すべてのものが生きる。漁師たちはそのほとりに住みつき、エン・ゲディからエン・エグライムまで網を引く場所となる。そこの魚は大海の魚のように種類も数も非常に多くなる。しかし、その沢と沼とはその水が良くならないで、塩のままで残る。……」

「人の子よ。あなたはこれを見たか」、神は今晩、皆さんに向かってこうお尋ねになります。神の御座から流れ出る聖霊の活きた水を見たか、と尋ねられるのです。私たちはすでに十字架のもとに行き、血を流し、肉を裂かれた主を見上げ、そのことによって罪の赦《ゆる》しを受け、救いの喜びを味わい、永遠の生命《いのち》という賜物を授けられて、神の子どもとなることができました。これは実に幸いなことです。けれども、このように十字架上のイエスを見た者の中にも、いまだ神の御座から流れ出る聖霊の水を見ていない人が多くいるのは、実に悲しむべきことです。神が私たちの霊の眼を開いて、ペンテコステにあふれ出た聖霊の川を見せてくださることを祈りたいと思います。

さて、皆さんと共に、エゼキエルの見たこの川について研究してみたいと思います。

一節に「彼は私を神殿の入口に連れ戻した。見ると、水が神殿の敷居の下から東のほうへと流れ出ていた。神殿が東に向いていたからである。その水は祭壇の南、宮の右側の下から流れていた」とありますが、この「神殿の入口」というのはイエス・キリストのことです。私たちはかつてこの入口に来て、永遠の生命《いのち》を得、天国へ入ることができる者となりましたが、聖霊はふたたび私たちを導いてこの入口に連れ戻し、さらにまた主の足もとにひれ伏させられます。私たちが聖霊を受けるのも、まず主イエスであるこの入口から受けるのです。ペテロがペンテコステの時に聖霊の証しを人々の前に立てた時にも、その説教の主眼は神の子である主イエスで、イスラエルの民を主イエスの入口に帰らせ、聖霊の賜物を得させようと努めました。

次に、この川は「祭壇の南、宮の右側の下から流れていた」と記されていますが、この祭壇とはイエスの十字架を指します。主イエスは聖霊の賜物を私たちに与えるために十字架に上られました。使徒ペテロも、聖霊のバプテスマを受けたときに、まず主イエスの十字架の説教をしました。主の血の滴る十字架の下から聖霊の水は流れ出ます。ですから私たちのために十字架にかかり、私たちの罪の重荷を負い、全き贖《あがな》いとなってくださった主イエスを見てください。主イエスは私たちを罪の汚れより贖《あがな》い出して、純潔無垢な天使のように取り扱われるようにしてくださったので、ここで初めてペンテコステのように聖霊を受けることができるのです。

次に、「東向きの外の門に行かせた。見ると、水は右側から流れ出ていた」（二節）と記されていますが、四四章一節、二節（「彼が私を聖所の東向きの外の門に連れ戻ると、門は閉じていた。主は私に仰せられた。『この門は閉じたままにしておけ。あけてはならない。だれもここから入ってはならない。イスラエルの神、主がここから入られたからだ。これは閉じたままにしておかなければならない』」）を参照すると、この門は主が昇天された際に、天国に入られた門で、祭壇の南と同じ所です。イスラエルの神である主がこの門を通って天国に入ったので、聖霊を注ぐことがおできになるのです。聖霊の川もこの門から流れ出ます。ですから私たちは、死に勝ち、悪魔に勝ち、凱旋の声とともに天に昇られた主を見なければなりません。

そして、「宮の右側の下」とありますが、この「宮」とは天国のしるしです。なぜそうかといえば、「宮の右側」にある「祭壇」は主イエスの模型です。そして「使徒の働き」二章三三節に「神の右に上げられたイエスが、御父から約束された聖霊を受けて、今あなたがたが見聞きしているこの聖霊をお注ぎになったのです」とあるのを見ると、この宮はイエスが右に位する所ですから、神の御座の意味でしょう。換言すると、神の御座の右、すなわちイエスのもとより、聖霊の川が流れ出るのです。

このように主イエスはすでに神の御座に着き、父なる神から全能の力を得て、すべての権威と力をもって神の国を統べ治めているので、自由にこの聖霊を注いでくださいます。兄弟姉妹よ。少しも怖れを抱き、疑念を挟むに及びません。主は全能の力をもって、どんなに堅い心をも打ち砕き、皆さんに勝利を与えてくださいます。ですから、すべての権威と力を持っておられる主より、聖霊の賜物をお受けなさい。

それでは、どのようにして聖霊なる川に達することができるのでしょうか。

「見ると、水が神殿の敷居の下から東のほうへと流れ出ていた」(一節)。

この「敷居」は、四六章一節、二節に「神である主はこう仰せられる。内庭の東向きの門は、労働をする六日間は閉じておき、安息日と、新月の祭りの日にはあけなければならない。君主は外側の門の玄関の間を通って入り、門の戸口の柱のそばに立っていなければならない。祭司たちは彼の全焼のいけにえと、和解のいけにえをささげ、彼は門の敷居のところで礼拝して出て行かなければならない。門は夕暮れまで閉じてはならない」と記してあるものと同じで、東向きの門のことです。この敷居より入った者は、神を拝することができました。

そして、この敷居より入った「君主」とあるのは主イエスのことですから、この敷居は主が肉体を備えた際に、神を拝されたことを示すものでしょう。それで、主が肉体を備えた際に神を拝されたのは、祈祷ということでしたから、敷居は祈祷を指すのでしょう。その敷居の下から聖霊の水が流れ出るとありますから、この意味全体を総括すると、聖霊をいただくためには祈祷という敷居によらなければならないことがわかるでしょう。

皆さんがもし四福音書をひもといてイエス・キリストのご生涯を研究するならば、人のいない所にひとり退いて、徹夜で神に祈り、朝早く神殿に入って静かに神と交わりを持たれたことを見るでしょう。主ですら、このように神に祈られたならば、まして私たちは常に神と交わらなければなりません。もし主と共に主の祈られた所に行って、祈り求めるならば、主の受けた聖霊を受けることができるでしょう。「人の子よ。あなたはこれを見たか」（四七・六）。皆さんはこれをご覧になりましたか。

「ついで、彼は私を北の門から連れ出し、外を回らせ、東向きの外の門に行かせた。見ると、水は右側から流れ出ていた」（同二節）。

次に、この川に達しようと思うならば、エゼキエルとともに北の門へ行かなければなりません。「北の門」とは死の意味です。この川に達しようと思えば、まず自分に死に、名誉に死に、この世に死ななければなりません。

また「外を回らせ」とあります。これは、ヘブル人への手紙一三章一二節に「ですから、イエスも、ご自分の血によって民を聖なるものとするために、門の外で苦しみを受けられました」とありますように、世の人々の嘲笑《ちょうしょう》や軽蔑《けいべつ》を甘んじて受けるという意味でしょう。皆さんはこのように主と共に門の外に出て、主と共に嘲《あざけ》られ、主とともに謗《そし》られることができるでしょうか。もしも聖霊の川に至ろうと願うならば、この外の道を歩まなければなりません。

しかし、この道は「東向きの外の門に行かせた」とあります。これは、この道が望みの道であることを示すものです。毎朝、東の空を眺めて日の出を待ち望むように、新たな望みをもってこの川へ行かなければなりません。ペンテコステの時に弟子たちは主の堅い約束を信じ、それが成就されることを望んで祈り求めて、聖霊の賜物を得ることができました。ですから、聖霊を受ける道は望みの道です。皆さんがもしも新しい恵みを受け、新しい十字架を示され、新しい命令を伝えられることを望んでいるならば、必ずこの賜物を受けることができます。

エゼキエルは四度この川を渡りましたが、これはキリスト信者の経験すべき四つの階段です。

第一、「その人は手に測りなわを持って東へ出て行き、一千キュビトを測り、私にその水を渡らせると、それは足首まであった」（エゼキエル四七・三）。

これは、「もし私たちが御霊によって生きるのなら、御霊に導かれて、進もうではありませんか」（ガラテヤ五・二五）と記してあるように、聖霊によって歩むことで、言葉も行いもすべて聖霊の導きに従い、あらゆる罪を捨て、潔《きよ》い生涯を送ることです。皆さんはこのような経験を味わわれましたか。これは、信者が聖潔《きよめ》の生涯において味わう第一の経験で、ヨハネの福音書一三章でイエスが弟子たちの足を洗いなさったとあるように、聖霊の水をもって足を洗われることの幸いを語っています。けれどもこのことはただ聖潔《きよめ》の生涯における端緒にすぎません。もしもこの恵みだけで十分であると思う者は、あたかも子どもが浜の水辺に戯れて、いまだ深い大海があることを知らないのと同じです。もちろん、聖霊によって歩むことは、聖霊を受けた後のことですが、これで満足することなく、浅い磯辺を通り越して、大海の深い所へ進み、神の愛の深さ、広さを究めなければなりません。

第二、「彼がさらに一千キュビトを測り、私にその水を渡らせると、水はひざに達した」（エゼキエル四七・四）。

膝は祈りを表すもので、聖霊に感じてささげる祈りです。私たちはこのような恵みの程度に達しているでしょうか。聖霊に感じて祈ることができるでしょうか。アブラハムは遥かにソドム、ゴモラの町を望み見て、聖霊に感じて熱い祈りをささげました。エリヤは、三年の間雨が降らなかった時に、カルメル山の頂に登り、神の御前にひざまずいて熱祷をささげ、神は直ちにその祈りに応えて雨を降らせてくださいました。

私たちもアブラハムのように、滅亡の世界にさまよう罪人のために祈り、エリヤのように、聖霊の大雨が降って、多くの渇いた魂に活きた水が与えられるようにと祈ることができるでしょうか。ヤコブは、怒る兄に対面しようとするとき、大きな恐怖を抱いていました。けれども、聖霊の水に浸した膝を曲げ、神に祈り求めることで、大きな力を受け、真心からの愛をもって兄に接することができました。これは、彼が神と人とに勝利を得たということです。

ある宣教師は、非常な熱心をもって伝道しても、その土地の人々は甚だ頑固で、なかなかその結実を見ることができませんでした。けれども、この宣教師は失望落胆することなく、祈りの力を信じていました。寒い風が肌を裂くような冬のころ、徹夜で神の御前にひざまずいて、人々が救われるために祈り求めました。時には、たくさんの雪が積もって身を埋めるようなことがあっても、氷雪の寒さを忘れ、かえって汗を流して衣服を濡《ぬ》らすこともあったといいます。

私たちもこんな熱い思いを持って罪人のために祈ったことがあるでしょうか。あるいは、私たちはまだ祈りの道を知らないのでしょうか。自分の力によってこのような祈りをささげることはできませんが、もしも聖霊の川を見るならば、神の力によってできるようになります。

第三、「彼がさらに一千キュビトを測り、私を渡らせると、水は腰に達した」(同四節)。

腰は人の力を表すもので、神と人との前に善い戦いのできる兵士らしい信者を指します。キリスト信者といわれる人の中にも、その力が甚だ弱くて、肉と戦い、悪魔と戦い、人と戦うことのできない人がいます。その一方でこれらのものと戦って、勝利を得る人もいます。こうした人は、聖霊によって腰の力を得ているのです。

「私たちの格闘は血肉に対するものではなく、主権、力、この暗やみの世界の支配者たち、また、天にいるもろもろの悪霊に対するものです」(エペソ六・一二)。

私たちの戦う相手は強敵ですから、私たちもまた大きな力をつけていなければなりません。けれども、もしも聖霊の水をもって腰を浸されているならば、すべての戦いに勝利を得、主の命じられた十字架を負い、患難や苦しみを忍ぶことができるのです。

ちょっとした困難に遭《あ》って、たちまち失望し、わずかな迫害を受けて、すぐに怖れ、少しばかりの誘惑に遭《あ》って、直ちに罪を犯すようなことはないでしょうか。もしもそのような境遇にいる兄弟姉妹がいるならば、どうか聖霊の水を見、その力を見てください。戦いに勝ち、患難に耐え得る力です。「人の子よ。あなたはこれを見たか。」これまで申したように、聖霊の賜物を得て、潔《きよ》い生涯を送ったり、力ある祈りをなしたり、戦いに勝つ力を得たりすることは、実に幸いなことではありますが、私たちはこれだけで決して満足してはなりません。

第四、「彼がさらに一千キュビトを測ると、渡ることのできない川となった。水かさは増し、泳げるほどの水となり、渡ることのできない川となった」(エゼキエル四七・五)。

これまでは歩いて渡ることができましたが、もはや川に沈んで、泳いで行かなければならなくなりました。これは聖霊のバプテスマです。すなわち自分を全く神に沈めて、自分の力でなく、ただ聖霊ご自身によるのです。そしてついに神の愛の大海に流れ出て、神ご自身のすばらしさを認め、神に満ちているものによって自分が満たされるようになるのです。これがペンテコステにおける弟子たちの経験でした。またこれがパウロの経験でした。

終わりに、「彼は私に言った。『この水は東の地域に流れ、アラバに下り、海に入る』」(同八節)。

私たちもこのようにこの川の流れのままに行くならば、いよいよ神と人とに近づいて、聖霊に導かれ、魂に満足を得ていない渇いた人たちや、世の人々に軽蔑《けいべつ》された人たちのもとに行き、神と人とのために喜んで生涯を送る者となります。これはただ想像でもたとえでもなく、確かな事実です。

「彼は私に、『人の子よ。あなたはこれを見たか』と言って、私を川の岸に沿って連れ帰った」(六節)。

兄弟姉妹よ。私たちも今晩この川の岸に立っています。皆さんも意を決してこの川に飛び込み、自分を川の中に沈め、聖霊によって生きる幸いな生涯に進むようにお勧めいたします。

ソドム、ゴモラの滅亡

創世記一九章の二節から七節をお読みします。

（ロトは顔を地につけて）そして言った。「さあ、ご主人。どうか、あなたがたのしもべの家に立ち寄り、足を洗って、お泊まりください。そして、朝早く旅を続けてください。」すると彼らは言った。「いや、わたしたちは広場に泊まろう。」しかし、彼がしきりに勧めたので、彼らは彼のところに向かい、彼の家の中に入った。ロトは彼らのためにごちそうを作り、パン種を入れないパンを焼いた。こうして彼らは食事をした。彼らが床につかないうちに、町の者たち、ソドムの人々が、若い者から年寄りまで、すべての人が、町の隅々から来て、その家を取り囲んだ。そしてロトに向かって叫んで言った。「今夜おまえのところにやって来た男たちはどこにいるのか。ここに連れ出せ。彼らをよく知りたいのだ。」

ロトは戸口にいる彼らのところに出て、うしろの戸をしめた。そして言った。
「兄弟たちよ。どうか悪いことはしないでください。」

続けて、二三節から二八節を見てください。

太陽が地上に上ったころ、ロトはツォアルに着いた。そのとき、主はソドムとゴモラの上に、硫黄の火を天の主のところから降らせ、これらの町々と低地全体と、その町々の住民と、その地の植物をみな滅ぼされた。ロトのうしろにいた彼の妻は、振り返ったので、塩の柱になってしまった。翌朝早く、アブラハムは、かつて主の前に立ったあの場所に行った。彼がソドムとゴモラのほう、それに低地の全地方を見おろすと、見よ、まるでかまどの煙のようにその地の煙が立ち上っていた。

神はこのように、この地とその住民を滅ぼされました。実に恐ろしい有様です。このソドムとゴモラは当時とても栄えた町で、貿易、文明、教育などもずいぶん進歩していました。その町の王もなかなか勢力がありましたが、神は一度にこれをことごとく滅ぼし、その家財も人も残らず滅ぼして、ソドム、ゴモラは跡形もなくなってしまいました。その罪のために怒りの手が下って、だれもみな逃れる道はありませんでした。

注意して、この滅亡の光景を見てください。なぜ神はこのような恐ろしいパノラマを私たちに残されたのでしょうか。これは、来るべき世の終わりの日の模型だからです。主はルカの福音書一七章で世の終わりの日の有様を、「ロトの時代にあったことと同様です」（二八節）と言われました。天から火が下ってソドムを焼き尽くしたことに言及して、「人の子の現れる日にも、全くそのとおりです」（三〇節）と語られました。ですから今、このソドム、ゴモラのかつての話を読んで、来るべき滅亡について深く感じたいものです。

このソドムには善良な人もいたでしょう。敬虔な人もいたでしょう。たびたび神のことを思い出す人もいただろうと思います。けれどもこれらの人も救いにあずかることができず、皆滅ぼされてしまいました。

兄弟姉妹よ。私たちが日々道で出会う人はソドムの人と同じではないでしょうか。神の家に来る人はゴモラの人と同じではないでしょうか。神の怒りはいよいよ近づいてきています。けれども人々はこのことには少しも気がつきません。商売や家造り等のことばかりに没頭して生涯を送っていますｂ。刑罰が近づいてはいないでしょうか。実に恐ろしいことではありませんか。その日が来れば、ソドムの金銀財宝は何の価値もありません。身分が高くても、それが救いとはなりません。自分の道徳心も力がありません。全く丸裸で神の御前に出て、審判を受けなければなりません。それなのに、世の人はなお富、位、宝、名誉、自分の正しさをもって安心しています。来るべき大いなる日を知らずに平気でいます。

昔、神はヨハネの眼を開き、終わりの日の有様をお見せになりました。ヨハネの黙示録二〇章一一節より一四節までを見てください。

「また私は、大きな白い御座と、そこに着座しておられる方を見た。地も天もその御前から逃げ去って、あとかたもなくなった。また私は、死んだ人々が、大きい者も、小さい者も御座の前に立っているのを見た。そして、数々の書物が開かれた。また、別の一つの書物も開かれたが、それは、いのちの書であった。死んだ人々は、これらの書物に書きしるされているところに従って、自分の行いに応じてさばかれた。海はその中にいる死者を出し、死もハデスも、その中にいる死者を出した。そして人々はおのおの自分の行いに応じてさばかれた。それから、死とハデスとは、火の池に投げ込まれた。これが第二の死である。」

これは生きた絵であると思います。一五節には「いのちの書に名の記されていない者はみな、この火の池に投げ込まれた」とありますが、私たちの知っている人々のことを考えてみてください。どうでしょうか。「いのちの書に名の記されていない者はみな、この火の池に投げ込まれ」なければならないとあるのは、神の真実の御言葉なのです。テサロニケ人への手紙第二、一章七節に「そのことは、主イエスが、炎の中に、力ある御使いたちを従えて天から現れるときに起こります」とありますが、このことは同じ九節にある「そのような人々は、主の御顔の前とその御力の栄光から退けられて、永遠の滅びの刑罰を受けるのです」ということで、神がこれを私たちに知らせてくださったのは大きな恵みです。

さて、滅亡の時になって神は二人の天使を送って、ロトを呼び覚まされました。ロトに「いのちがけで逃げなさい」（創世一九・一七）とお命じになりました。そしてまたそれとともに「ほかにあなたの身内の者がここにいますか」（同一二節）といって、他の者をも救う特権をお与えになりました。これはどれほど幸いなことでしょうか。神はロトを救っただけでなく、ロトに関係のある娘婿《むすめむこ》、および町にいる彼の身内も共に出ることをお許しになりました。すぐに罪人を連れて出る特権を下さいました。それでロトは金や衣や旅支度をするのをやめて、婿《むこ》に伝道しました。二人の娘にも妻にも告げました。

私たちはどうでしょうか。このロトのように救いの恵みを受け、また他の人を救う特権を与えられているにもかかわらず、しばしば自分のことだけを考え、大切な時を無駄に費やしてはいないでしょうか。大切な魂のことを忘れて、自分勝手なことばかりを考えていませんか。罪人が滅びるのを見過ごしてはいませんか。これは実に私の怠慢、また皆さんの怠慢ではないでしょうか。私たちはこの来るべき滅亡を信じていないのです。神の真理を信じない不信者です。

ソドムの時にロトは使者の言葉を信じたので、自分を捨てて罪人を救うために出て行きました。ロトの言葉を聞いた婿らは、それを冗談だとみなしました。人々は嘲《あざけ》り笑いました。けれども、ロトは来るべき滅亡を眼の前にして信じていたので、夜中であるにもかかわらず、罪人の目を覚まそうとして駆け回っていました。「時が良くても悪くても」（Ⅱテモテ四・二）強いて家に入り、涙をもって神の言葉を伝えました。

兄弟姉妹よ。私たちはこの終わりの日を信じているならば、このロトのようであるべきだと思います。もちろん、神学を通して、教理を通して、聖書を通して信じているわけですが、心の中でそれを信じているでしょうか。いかがですか。霊においてこれを信じるために祈らなければなりません。

使徒ヨハネを見てください。彼は離れ島にあって、人との交わりを絶たれていましたが、神と親しく交わっていましたから、神はヨハネに来るべき滅亡の有様を明らかに示されました。私たちはこのことを知るために、ヨハネのように神と交わり、神から教えられなければなりません。どうか今晩、私たちの心の顔覆いを取り去られて、ヨハネが見たように、天が開けてその真の有様を見たいものです。これを見たならば、私たちはどのようにすべきでしょうか。

創世記一八章一七、二〇、二一節において、神はその友アブラハムにソドムの有様をお見せになりました。ご自分のしようと思っていることを隠さずにアブラハムに知らされました。「主はこう考えられた。『わたしがしようとしていることを、アブラハムに隠しておくべきだろうか。』……そこで主は仰せられた。『ソドムとゴモラの叫びは非常に大きく、また彼らの罪はきわめて重い。わたしは下って行って、わたしに届いた叫びどおりに、彼らが実際に行っているかどうかを見よう。わたしは知りたいのだ』」と。

そのとき、アブラハムは神にすがりついて祈りました。神の怒りを引きとめました。神がさばきを行おうとして下って来られたと聞いて、アブラハムは心に堪えられず、この町のために繰り返して願いました。神はアブラハムに祈りの力を与え、大胆な信仰の祈りをささげさせました。アブラハムは霊の嘆きに従い、ソドムのために祷告しました。卑しい僕《しもべ》であっても、栄光の王である神の御前に立って、そのさばきをとどめようとしました。

この大胆さを神は喜ばれます。私たちもこのようにして霊によって罪人のために信仰の祈りをささげなければなりません。天地の神のさばきをとどめようとするとは、まことに大胆なことです。私たちには到底できないと思ってしまいます。けれども、アブラハムは創世記一八章二七節で自分のことを「ちりや灰にすぎません」と申しました。私たちはなぜこうした大胆な祈りができないのでしょうか。それは、自分をあまりに力のある者のように思っているからです。自分があまりに強くあるからです。

アブラハムは、自分をちりと灰に等しいものであると真に知っていましたから、力のある祈りをささげることができたのでしょう。灰とは何でしょうか。それは、自分を神の御前に全焼のいけにえとしてささげたその焼け残りです。このように私たちも全く献身して、自分を焼き尽くすならば、神の御前に仲保者の祈りをささげることができると思います。神はこの滅ぶべき世の中にあって、このような伝道者を求めておられると思います。

エゼキエル書二二章三〇節にあるように、神は、神の御前に憚《はばか》らず立って罪人を滅ぼさないようにする者を求めておられます。「わたしがこの国を滅ぼさないように、わたしは、この国のために、わたしの前で石垣を築き、破れ口を修理する者を彼らの間に捜し求めたが、見つからなかった」と。罪人のために祈るのは神のさばきをとどめる「石垣」のようであると言われました。神は罪人を赦《ゆる》したいと願っておられます。ですから仲保者を求められるのです。けれども、そうした人がいないので、しかたなく、三一節のように滅ぼさなければなりません。「それで、わたしは彼らの上に憤りを注ぎ、激しい怒りの火で彼らを絶滅し、彼らの頭上に彼らの行いを返した。——神である主の御告げ——。」

神はたびたび私たちの心の中に、このような祈りの霊を起こされます。けれども私たちはしばしばこれを消し去ってしまいます。主が霊に導かれて荒野に行かれたように、私たちも霊の導かれるままに力のある祈りをささげたいと思います。

アブラハムはソドムを救うことができませんでした。けれども創世記一九章二九節にあるように、ロトが救われたのはアブラハムの祈りの結果でした。私たちはどうしても祈らなければなりません。祈り助けなければならないロトのような人が、私たちの中にいないでしょうか。

スコットランドに一人の鍛冶屋がいました。牧師は彼のために憂えて、いろいろと方法を尽くして導こうとしました。けれどもその鍛冶屋はなかなか神を信じませんでした。教会の人たちもしきりに訪問して、語り勧めましたが、何の効果もありませんでした。それで、そのことが信者一同の大きな重荷となっていました。

ところが、ある正月の寒い夜、一人の信者が祈りの霊に満たされて、夜を徹して祈りました。その鍛冶屋を愛する心が燃えて、それを制することができませんでした。それで夜が明けるや否や、鍛冶屋の家へ飛んで行きました。そのとき、鍛冶屋はこれから仕事に取りかかるところでした。信者はその鍛冶屋の前に走り寄って、両手を堅く握りしめました。けれども思いだけが強くなって、一言も口から発することができません。鍛冶屋は何事が起こったのかと不思議に思って顔を見上げると、その信者の眼には涙がいっぱいになっています。ただ震え声で、「あなたが救われるために夜通し……」と言ったきり、涙声になって、言葉になりません。それで手を握ったまま、しばらくして、また家へ帰って行きました。

すると、鍛冶屋の心が激しく動かされ、胸が騒いで落ち着いていることができませんでした。不安でたまりません。一時間ほど経って、あとを追って先の信者の家に駆けつけ、砕けた心をもって自分が救われることを求めました。信者はとても喜んで迎え入れ、前夜祈り明かした自分の部屋へ連れて行き、共に祈り、苦しみ悶《もだ》えていた鍛冶屋をまとの平安の救いに導き入れました。

霊に感じた祈りは罪人を救います。私たちは多く語りますが、自分で感じることがありません。ですから人を感じさせることができません。自ら感涙にむせぶならば、罪人も涙を流します。不信者が冷たいのは、多くの場合、私たちが冷たくて神を信じないからです。創世記一八章にあるアブラハムのように、神の心に感じて熱心に祈り、一九章にあるロトのように、来るべきわざわいを見て、自分を捨てて働かなければなりません。

ロトは滅亡を前にして、「今は恵みの時、今は救いの日です」（Ⅱコリント六・二）と信じました。ですから、一分間も猶予なく知人を訪ね回りました。ロトの顔は憂いに満ちていましたが、人々は嘲《あざけ》り笑いました。ロトにとっては、滅亡を考えると、あれこれ言っている時ではありませんでした。躊躇《ちゅうちょ》せずに戒めました。

ロトはまことに私たちの学ぶべき訪問伝道者です。「使徒の働き」二〇章二〇節および三一節を見ると、パウロも家々を訪ね回り、涙を流して教えたことがわかります。こうしたことは実に私たちの模範であると思います。

また、テモテへの手紙第二、四章一節、二節のパウロの言葉を見てください。聖書の中にこれほど厳粛な言葉はないと思います。「私はおごそかに命じます。みことばを宣べ伝えなさい。時が良くても悪くてもしっかりやりなさい」とあるのは、その言葉のとおり、パウロは確かに神の御前およびキリストの御前にあって、主の再臨の時、生きる者と死んだ者のさばきを明らかに理解して命令したことと思います。

今からずいぶん前のことですが、英国で、一人の信者が馬に乗り、夜を通してある地方に旅しました。その道で強盗に遭《あ》いました。強盗は「金を出せ」と迫りました。信者は出しました。強盗は「馬を渡せ」と言いました。信者はそれも渡しました。それで強盗はその馬に乗って立ち去ろうとしたときに、この信者は静かに「ちょっと」と呼び止めて、救いの道を説き始めました。神の恵みに背くことは実に恐るべきことであると言って、親切に戒めました。すると強盗は大いに怒って、「おまえがそんなことを言うなら、殺してやる」と刀を抜きました。けれども信者は少しも騒がず、恐れず、愛にあふれた顔つきをして、「あなたが私に金を求めたので、与えました。馬を求めたので、渡しました。今あなたが私の生命《いのち》を求めるというのならば、差し上げます。私の生命《いのち》をあげて、それであなたの生命《いのち》が救われるのならば、喜んであげます。さあ、お取りなさい。あなたが救われるのならば、私は死んでもかまいません」と言い、身を突き出しました。これは実話です。私たちははたしてこれだけの覚悟があるでしょうか。

エゼキエル書三章一七節以下二一節までに、神は鋭い言葉をお残しになりました。そのとおり、私たちは神に代わって人を戒めるために選ばれた者です。私たちが戒めず、救いを宣べ伝えないならば、ほかにだれが伝えるのでしょうか。人を戒めず、救いを伝えないで自ら救われるということは、神の禁じておられるところです。人の魂を愛さず、彼らの滅亡を見過ごしにするのは、大きな罪です。実に私たちは、時が良くても悪くても道を宣べ伝えなければなりません。私たちは霊において人の魂の真の状態を見、世の終末のさばきの事実を知って、罪人のために祈り、また働きたいと思います。

ペンテコステ前後の弟子

今日は自分の姿を知るために聖書を研究します。ペンテコステ前後の弟子たちの状況を鏡とし、これに照らして自分の現在の姿を知ろうと思います。使徒たちのペンテコステ以前の姿はどうだったでしょうか。

ヨハネの福音書一五章三節、「あなたがたは、わたしがあなたがたに話したことばによって、もうきよいのです」、ルカの福音書一〇章二〇節、「だがしかし、悪霊どもがあなたがたに服従するからといって、喜んではなりません。ただあなたがたの名が天に書きしるされていることを喜びなさい」の御言葉によれば、弟子たちはすでに救われ、その名も天に記されていました。ペテロは、ルカの福音書一八章二八節に記しているように、「私たちは自分の家を捨てて従ってまいりました」と告白しました。そしてその時、主はこの告白を偽りであると言わずに、これを承認なさいました。

またヨハネの福音書一三章三七節、「主よ。なぜ今はあなたについて行くことができないのですか。あなたのためにはいのちも捨てます」、ルカの福音書二二章三三節

「主よ。ごいっしょになら、牢であろうと、死であろうと、覚悟はできております」はペテロの真実な言葉と思われます。彼はすでに身も魂も主にささげ、死をさえ厭わない熱心さと誠意がありました。けれどもこの熱心さは、霊に属するものではありませんでした。それで、すぐにつまずいてしまいました。

兄弟姉妹よ。この区別を知らなければなりません。ペテロは一切を捨てて主に従いました。けれどもまだ聖霊を受けていません。一切を捨てて主に従うことと、聖霊を受けることとは全く別問題です。聖霊を受けた第一の徴候は何だったでしょうか。炎の舌ですか。そうではありません。ペンテコステ以前にもすでに預言する力はありました。ですから、これによって定めることはできません。それならば、どうなのでしょうか。ほかでもありません。「自分」に死ぬことです。聖霊を受けた第一の徴候は、この「死ぬ」ということです。

ペンテコステ以前の弟子たちは、心の底から真面目な信仰を持っていましたが、それにもかかわらず、どれほど「自分」があらわれていたかを見てください。

第一、排他的な心がありました。マタイの福音書一五章二三節を見ると、弟子たちは疲れて、肉の安息を求め、人を退けてしまいました。「あの女を帰してやってください。叫びながらあとについて来るのです」と。私たちもこのように、伝道するときに「自分」に生きていれば疲れます。疲れるために、人を拒むというようなことはないでしょうか。主イエスのご在世中は実に多忙であられましたが、疲労のために伝道を中止なさるなどということはありませんでした。サマリヤの女に対する伝道などは、その良い例です。私たちはどこに属する者でしょうか。

第二、党派心がありました。私たちはマルコの福音書九章三八節、「先生。先生の名を唱えて悪霊を追い出している者を見ましたが、私たちの仲間ではないので、やめさせました」という御言葉にあるような精神を表すことはないでしょうか。教派の違いを咎《とが》め、あるいは伝道の仕方が異なることを蔑視するといったことはないでしょうか。このような心は、私たちの受けるべき恵みを妨げるものです。ヨハネがそのことを主に語ったとき、おそらくその熱い思いが顔にあふれ、主のために最も良い言葉であると考えたでしょう。けれども、これはやはりヨハネの「自分」をあらわしたものです。

私たちはしばしばこのような過ちに陥ることはないでしょうか。もしあるとするならば、この憎むべき「自分」を殺さねばなりません。

第三、名誉心に満たされていました。マタイの福音書二〇章二一節を見てください。「イエスが彼女に、『どんな願いですか』と言われると、彼女は言った。『私のこのふたりの息子が、あなたの御国で、ひとりはあなたの右に、ひとりは左にすわれるようにおことばを下さい。』」

この二人は名誉心の奴隷になっていました。彼らが主のところへ来たのは、肉に属する名誉を得るためでした。そしてほかの弟子たちもこれを聞いて、羨《うらや》ましく思いました。確かにこの二人だけでなく、一同にこの心があったと思います。私たちもこのような心に誘われることはないでしょうか。

第四、卑しい心がありました。マタイの福音書二六章八節に記されているユダの心は、やはり私たちの心として現れるものでもあります。「何のために、こんなむだなことをするのか」と。このように憤慨したユダの眼中には理論が満ちていましたが、これと反対に、マリヤの心には、ただ主を愛する以外に何もありませんでした。私たちはユダのように、主のために金を出すことを惜しむ心がないでしょうか。理論と実利によって事を冷たく考え過ごしてしまうことはないでしょうか。

第五、復讐の心がありました。ルカの福音書九章五四節を見てください。「弟子のヤコブとヨハネが、これを見て言った。『主よ。私たちが天から火を呼び下して、彼らを焼き滅ぼしましょうか。』」

このヤコブとヨハネの言葉は実におもしろいのです。一方から見ると、篤い信仰をもって主の全能を信じるような言葉です。主は天から火を呼び下すことができる、と言っているからです。けれどもこれはやはり敵に報いるという「自分」です。こうした心は決して持つべきではありません。私たちも嘲弄《ちょうろう》されるときに、「目には目を」といったような言葉を吐くことがないでしょうか。主は辱めを受けたときにも、ただ黙って敵のために祈られました。

私たちはこれらの罪に打ち勝とうとして悶《もだ》え苦しみますが、他を排する心、党派心、名誉心、卑しい心、復讐心などは、みな「自分」の本性で、自分の力では改めることのできないものです。

けれども弟子たちはその後、大変化を遂げました。全く変わりました。これは何によってかというと、ペンテコステの聖霊によってです。兄弟姉妹よ。私たちが自分で打ち勝つことのできない罪も、聖霊によって簡単に勝つことができます。弟子たちは聖霊を受けたので、たやすくこの「自分」に死ぬことができました。

ペンテコステ以後の彼らの有様はいかがでしたか。

「使徒の働き」二章一四節以下の記事は、二か月前まで臆病、名誉心に満たされていたペテロ、ヨハネの大胆なる証言であるというのは、実に驚くべきことではないでしょうか。彼らは聖霊を受けましたから、このような大変化を遂げました。私たちが何よりも先に受けなければならないのは聖霊です。私たちは常に外部の一致はあるでしょうが、真の心の一致がありません。真に一致して和合することは真に私たちの願うところですが、これを得るには、まずその原因である一致の霊を求めるのが肝要です。一致の霊を求めず、ただ一致を求めても、それはできないことです。

ペンテコステ以前の弟子たちはみな自分を高くしようとだけ心がけていました。それで、主はしばしば謙遜をお教えになりました。けれども、霊を受けた後の言動は、「使徒の働き」二章四二節より四七節までのように、真の愛の交わりの中で一致することができました。傘にぶどうの房を結びつけても、それでぶどうの木になるわけではありません。私たちが聖霊を受けずに一致などの徳を求めるのは、実にこれと同じです。そんな愚かなことをするのではなく、聖霊を受け、自らぶどうの木に連なるものとならなければなりません。

次に、弟子たちは聖霊を受ける前は、主の言葉の真理を理解することができませんでした。ヨハネの福音書四章三二、三三節にあるように、主はサマリヤの女を救い、喜びに満たし、食物がなくても食したかのように思っておられたのに、弟子たちはそのことに少しも思い及びませんでした。彼らは肉によって表面上のことだけにこだわっていましたから、主に同情を表すことが全くありませんでした。ラザロが死んだ時に主の言われたヨハネの福音書一一章一一節の言葉を悟ることができませんでした。「わたしたちの友ラザロは眠っています。しかし、わたしは彼を眠りからさましに行くのです」という主のお言葉です。

主は実に弟子たちにさえ知られずに、孤独な生涯を送られました。弟子たちはこのような有様でしたから、マルコの福音書八章一七節以下二一節にあるように主は彼らを戒められました。

「それに気づいてイエスは言われた。『なぜ、パンがないといって議論しているのですか。まだわからないのですか、悟らないのですか。心が堅く閉じているのですか。目がありながら見えないのですか。耳がありながら聞こえないのですか。あなたがたは、覚えていないのですか。わたしが五千人に五つのパンを裂いて上げたとき、パン切れを取り集めて、幾つのかごがいっぱいになりましたか。』彼らは答えた。『十二です。』『四千人に七つのパンを裂いて上げたときは、パン切れを取り集めて幾つのかごがいっぱいになりましたか。』彼らは答えた。『七つです。』イエスは言われた。『まだ悟らないのですか。』」

主は今も私たちに向かって「まだわからないのですか」と言われるのではないでしょうか。私たちも当時の弟子たちのようなことはないでしょうか。聖書を読んでも、ほかの本を読むように軽く読んでいませんか。信仰をもって長い期間が経ても、聖書の深い意味を悟ることができないのはこのためです。

ある人は、聖書の奥義を悟ろうとするために、聖霊に満たされた人の書物を求めます。これはもちろん信仰の助けとはなります。けれども、これによって主の言葉を十分に悟ることができるわけではありません。何よりもまず聖霊を受けることが必要です。

聖霊は年を取った人にも、若い人にも、男性にも、女性にも、賢い人にも、愚かな人にも、どんな人の中にも来て、そこを宮として住み、聖書の奥義を悟らせてくださいます。どんなに知恵や力があって世を動かし、人を感動させても、聖霊によらなければ活力のないもので、ただ自分で力あるものだと思っているだけです。

ペンテコステの日に現れたこの霊の働きがいかに大きなものであったかを見なさい。当時、パウロは旧約の深い意味を悟り、炎の舌で縦横無尽に詩篇を引き、預言書に照らして、主がキリストであることとその復活とを憚《はばか》るところなく説明しました。彼は霊によって霊の書物を悟りました。子どもは力が足りなくて大人の剣を用いることができないように、霊のない私たちは聖霊の剣を用いることができません。私たちは時としてこの聖霊の剣を引用しても、全く力がないことがあります。聖霊の剣もこれを握るだけでは、相手を刺し殺すことはできません。聖霊はこの力を与えてくださいます。

また、聖霊を受ける前の弟子たちは、主と共に苦しみに耐えることができませんでした。主はしばしばご自分の受ける苦しみを預言なさいましたが、ペテロなどは「主よ、とんでもないことです」と言いました（マタイ一六・二二、新改訳欄外注）。

ルカの福音書二二章二四節では、弟子たちの中でだれが一番偉いだろうかという論議も起こったとありましたが、この時は過越の祭りの晩餐の席で、主がパンを裂き、ぶどう酒をつぎ、「この杯は、あなたがたのために流されるわたしの血による新しい契約です」と言われた最も厳粛な場でした。しかし弟子たちは主の意を全く解せず、少しも同情せず、愚かな肉の論争などをしていました。私たちにはこんな姿がないでしょうか。

マタイの福音書二六章四〇節でも同じように、聖霊のない彼らは弱く、自分の醜態を現しました。「それから、イエスは弟子たちのところに戻って来て、彼らの眠っているのを見つけ、ペテロに言われた。『あなたがたは、そんなに、一時間でも、わたしといっしょに目をさましていることができなかったのか』」とあるとおりです。私たちには、この主を待ち望む力があるでしょうか。

主の昇天後、弟子たちは主の約束を信じて十日間祈りました。私たちは二、三時間の祈祷会にも疲労を感じることはないでしょうか。主と共に目を覚まして祈ることができるでしょうか。聖霊を受けなければ、私たちにこの力はありません。

また、マタイの福音書二六章五六節、「そのとき、弟子たちはみな、イエスを見捨てて、逃げてしまった」とあるように、私たちもこの時、弟子たちと共にいたならば、やはり主を見捨てて逃げたのではないでしょうか。このように臆病で弱かった弟子たちも、ペンテコステの日に聖霊に満たされ、そのことによって喜び勇んで、主と共に苦しみに耐える者となりました。そして、「使徒の働き」五章四一節にあるように、迫害を受けることを喜び、主と共に十字架を負うことを慕いました。コロサイ人への手紙一章二四節の意味を歌った英語の賛美歌に、"It will make you love the Cross"(「〔聖霊〕があなたに十字架を愛させる」)という句がありますが、まさにこの心を歌ったものです。

その次に大切なことは、弟子たちは三年半も主に従っていましたが、主を知らなかったことです。主と生涯を共にしており、共に宿り、共に食し、迫害や困難、苦しみを共にしていました。直接に話を聞き、共に祈りながら、いまだ主を知りませんでした(ヨハネ一四・九)。彼らはただ肉によって主を知っているだけでした。けれども主は「わたしもその人を愛し、わたし自身を彼に現します」（同二一節）と言い、二三節で「わたしたちはその人のところに来て、その人とともに住みます」と語られました。すなわち、ペンテコステの日のことを預言されたのです。霊を受けるならば、霊によって心の中に主の栄光、主の力、主の愛の深さ、広さを悟ることができます。

兄弟姉妹よ。私たちも長く主と共にありましたが、いまだ主を知らないということはないでしょうか。私たちはこれまで肉によって主を知っていました。これも幸いなことです。これによって救われたからです。けれども、それよりなおいっそう深く、霊によって主を知らなければなりません。そして、兄弟姉妹の間で、聖書によって、説教によって、伝道によって主を知ろうとしますか。そのような心では、たとえ主ご自身が教師となられても、知ることができません。

弟子たちは私たちのための良い鏡です。三年半も直接に話を聞いていても悟りませんでした。私たちはどうしてもペンテコステの聖霊を受け、主を各自の内に宿さなければなりません。主を知らなかった弟子たちがペンテコステ以後、心の中に主を見、主の愛に励まされて、人を恐れず、エルサレムの群衆の中で説教しました。

主が心の中に宿るならば、恐れるところはありません。主は私たちの中心となられます。新郎となってくださいます。望みを一つにして、心を尽くすならば、主は私たちのすべてのすべてとなられます。聖霊を受けなさい。兄弟姉妹よ。私たちは肉の力でこの幸いを得ようとするならば、ただ疲れるだけです。けれども、霊によってこれらを得るのはたやすいことです。

神は、私たちの思うところ、願うところよりも、はるかにまさる恵みを私たちに与えてくださいます。けれども、これを拒むならば、受けることができません。いま主は心の戸の外に立って、叩き、「聖霊を受けなさい」と叫ばれます。心を静かにして、このすばらしい恵みを受け入れなさい。

聖霊の内住

「使徒の働き」二章一節から四節をお開きください。

五旬節の日になって、みなが一つ所に集まっていた。すると突然、天から、激しい風が吹いて来るような響きが起こり、彼らのいた家全体に響き渡った。また、炎のような分かれた舌が現れて、ひとりひとりの上にとどまった。すると、みなが聖霊に満たされ、御霊が話させてくださるとおりに、他国のことばで話しだした。

ペテロはこのことを説明しました。神はこれについてどんな準備をなさったでしょうか。二二～二四節、三二節、三六節にペテロの答えがあります。

「イスラエルの人たち。このことばを聞いてください。神はナザレ人イエスによって、あなたがたの間で力あるわざと不思議としるしを行われました。それらのことによって、神はあなたがたに、この方のあかしをされたのです。これは、あなたがた自身がご承知のことです。あなたがたは、神の定めた計画と神の予知とによって引き渡されたこの方を、不法な者の手によって十字架につけて殺しました。しかし神は、この方を死の苦しみから解き放って、よみがえらせました。この方が死につながれていることなど、ありえないからです。……神はこのイエスをよみがえらせました。私たちはみな、そのことの証人です。……ですから、イスラエルのすべての人々は、このことをはっきりと知らなければなりません。すなわち、神が、今や主ともキリストともされたこのイエスを、あなたがたは十字架につけたのです。」

これは聖霊降臨の道備えでした。この準備がなかったならば、ペンテコステはありません。

神戸と大阪の間にはいま鉄道があって、すぐに往来することができます。ただ信仰をもって列車に乗りさえすれば、わずかの時間で目的地に着きます。けれどもこのように便利になるまでには、実に大きな力と時を費やして道備えをしました。

今、私たちは信仰によって聖霊を受けることができます。けれども、神は私たちにこれを受けさせるまでに様々なご計画をお立てになりました。地上に玉座を設けようとしてその場所を探しておられます。

昔、エデンの園で人との交わりを望まれましたが、アダム、エバの罪のために去らなければなりませんでした。その後、イスラエルの真ん中に現れ、わずかの期間住まわれました。しかし、人々の罪のために神の栄光はそこを去らなければなりませんでした。

エゼキエル書一〇章三節、四節を見てください。エゼキエルは、「主の栄光がケルブの上から上り、神殿の敷居に向かうと、神殿は雲で満たされ、また、庭は主の栄光の輝きで満たされた」ことを見ました（同四節）。一八、一九節では、主の栄光がケルビムの上に立ち、ケルビムが翼を広げて、地上から上って行くのを見ました。すなわち、神はこの潔《きよ》めた至聖所、契約の箱の上に下りて来られましたが、またそこを去らなければなりませんでした。

ダビデ王が反逆者アブシャロムのために悲しみのうちにエルサレムを去らなければならなかったように（Ⅱサムエル一五章）、王なる神は罪のために神殿を去られました。それでも、神はなお地上に住むことを望んでおられます。

ですから、エゼキエル書四〇章のように聖所が備わってからは、再び喜びをもって四三章二、四、五節のように帰って来られました。

「すると、イスラエルの神の栄光が東のほうから現れた。その音は大水のとどろきのようであって、地はその栄光で輝いた。……主の栄光が東向きの門を通って宮に入って来た。霊は私を引き上げ、私を内庭に連れて行った。なんと、主の栄光は神殿に満ちていた。」

とはいえ、もちろんこれらは神の住みかではありません。長くとどまることはおできになりません。それでやがて、ペテロの説教にあるように、御子を下して地上に聖なる神殿を建て、神はここに喜んでお住みになりました。暖炉の火が消えれば、燃える火を入れます。主は、火の消えた世界に下られた燃える火です。神は木や石や金の神殿ではなく、肉である人間を宮としてあまねく地に住もうとされるのです。主はこの神殿を建てるために来られました。

ルカの福音書三章二二節を見てください。

「聖霊が、鳩のような形をして、自分の上に下られるのをご覧になった。」

霊なるこの鳩は、洪水のために地上に宿る所がなくてノアの箱舟に帰った鳩のように、今まで罪に覆われたこの世界に宿る所がありませんでしたが、ただ一つ、主の聖なる宮を発見して、その上に降りました。四章を見ると、一四節、一八節などにあるように、この鳩はその後つねに栄光をもって主に宿ります。

「イエスは御霊の力を帯びてガリラヤに帰られた。すると、その評判が回り一帯に、くまなく広まった。……『『わたしの上に主の御霊がおられる。主が、貧しい人々に福音を伝えるようにと、わたしに油をそそがれたのだから。主はわたしを遣わされた。捕らわれ人には赦免を、盲人には目の開かれることを告げるために。しいたげられている人々を自由にし……。』』

主イエスは私たちのための生命《いのち》の泉です。けれども、神は主イエスのみが生命《いのち》の泉であることでは満足せず、世の罪を砕いて、私たちを生命《いのち》の泉となそうと望んでおられます。主が世を去られたのはこのためで、ヨハネの福音書一六章七節にあるように、これは実際に私たちの益なのです。

「しかし、わたしは真実を言います。わたしが去って行くことは、あなたがたにとって益なのです。それは、もしわたしが去って行かなければ、助け主があなたがたのところに来ないからです。しかし、もし行けば、わたしは助け主をあなたがたのところに遣わします。」

燃える火、聖霊は他に宿る所がありません。みな汚れています。主は世界を潔《きよ》めるために、世界の中心に祭壇を作って、ここにご自身を全焼のいけにえとしてささげられました。旧約時代にあっては、神は天幕において、神殿において、祭壇を築かれました。けれども、これはみな、ただイスラエルのためのものでした。けれども神は世界のためにカルバリを備え、傷がなく汚れのない神の小羊を屠《ほふ》ってこの世の贖《あがな》いとなさいました。主イエスはすべての人の罪のためのいけにえです。人間はこれで潔《きよ》められました。それで聖霊である鳩は自由にそこに宿ることがおできになります。ペンテコステで弟子たちが聖なる火を受けて、燃える火となったのは、実に十字架の結果です。

かつてソロモンの神殿は神の住む所で、神はご自分の栄光を満たされました。しかしこの神殿はどこに位置していたかといえば、実に汚れて呪われるべき罪のエルサレムでした。けれどもダビデはそこに壇を築き、血を流し、神の怒りを引きとどめたので（Ⅰ歴代二一・一八、Ⅱ歴代三・一）、ここに建てられたソロモンの神殿に、聖なる神は降られました。神は血の功績によってこの呪いの町にお住みになったのです。

ヒゼキヤ王の時になって、歴代誌第二、二九章六節、七節にあるように、この聖所は狼藉《ろうぜき》を極め、玄関の戸は閉ざされ、ともしびの火は消され、香は絶え、全焼のいけにえがささげられることはなく、主の栄光は去りました。ヒゼキヤ王は今一度礼拝を望みました。けれども聖所はありません。それで王は、二〇節より二四節までにあるように、レビ人を集めて罪のためのいけにえをささげ、聖所を築いて、二七節以下のように再び礼拝を続けることができました。

私たちもカルバリの山の大祭壇によって潔《きよ》められ、それぞれの中に神の宮が築かれました。私たちには霊を宿す価値がありません。けれども、血のために隔てが取り去られ、霊を宿す特権を与えられました。実にハレルヤです。主イエスはこの準備をして昇天し、あの日に聖霊をお降しになりました。

大津と京都の間に水を通そうとして、長い間企てて、疏水《そすい》工事をしました。山に穴を開け、溝を作り、工事が終わって、技術者が上流の水門を開いて、今まで一滴の水もない溝に琵琶湖の水が大量に流れてきました。このように主の血は聖霊の通路を備え、創世記三章から閉ざされた天国の門もその昇天によって開かれ、聖霊である生命《いのち》の水は、備えられた私たちの内に大量に流れ込むようになりました。自由にこれを通って天国に入るようになりました。実に感謝すべきことです。消え果てた私たちも燃える火となり、渇いた魂も生命《いのち》の泉となりました。ペテロの説教はあたかもこの順序を示しています。第一は主イエスの降世、次に贖《あがな》いと昇天、それから聖霊の降臨です。

兄弟姉妹よ。神は御子を与えるほど私たちを愛し、だれでも聖霊を宿すことのできる道を立ててくださいました。天の門はすでに開かれています。さて、これを宿していただくにつき、私たちはどんな準備をするかを考えなければなりません。

主のご在世中、ご自身に対する信仰を弟子たちに起こすために、暴風を静め、悪霊を追い払い、病を癒《いや》し、死者をよみがえらせて、主の力を知らせました。また、彼らをいろいろな所に送り出して、主の名によって病を癒《いや》し、悪霊を追い出し、主がおられない時にも信仰を持つようにと鍛錬されました。次に、それぞれの弱さを悟らせました。特に十字架によって彼らの主に対する肉の考えを打ち破られました。霊を受けようとするには、これをぜひとも打ち砕かなければならないのです。弟子たちが肉に失望し、これに頼るべきでないことを知ったのは、非常に幸いです。

私たちの肉の心が打ち砕かれるのは、恵みの働きです。このために祈らなければなりません。その後、弟子たちはユダヤ人を恐れて戸を閉じ、神の国の善後策について考えていましたが、恐れるばかりで、案がいっこうに出てきませんでした。彼らはいよいよ自分の弱さを悟りました。この場に臨んで、力のないことを知りました。私たちはこのように悟ったでしょうか。

主は弟子たちのこの姿を見て、復活の身体をもってその真ん中にお立ちになりました。どんな時にも主が常におられることを信じるためです。彼らの上に「聖霊を受けなさい」と息を吹きかけられました。彼らはそれで霊の信仰を授けられ、主の約束を信じて聖霊を待ち受ける決心と力を与えられました。そのために、主の昇天後十日間の祈りをも耐えることができました。復活の主が集会の中におられたように、昇天された主も確かに生きて、共におられると信じることができました。この確信を持っていましたから、彼らが共に集まった祈祷会は実に力があったと思います。確かに主といつも祈っていたように祈ったことでしょう。

兄弟姉妹よ。主は今日まで長きにわたって私たちを教え導いて、見るところ、聞くところによっていろいろと信仰を確かなものとなさいました。そして、今この集会の中に立って、エペソ人への手紙二章にあるように天のところに座らせようとして、聖霊に満たされることを望んでおられるのではないでしょうか。もとより私たちにはこれを受ける価値がありません。恵みに足らない者です。けれども、ただ主の血によって潔《きよ》められ、これを宿すことができるのではありませんか。

兄弟姉妹よ。聖霊なる神は鳩のように今皆さんの上に翼を張っておられるのではないでしょうか。主は宿る所を求めておられます。私たちはたびたびこれを拒みました。聖霊を憂えさせ、嘆かせてしまいました。どうぞ今晩、ここを去る前に、聖霊が宿るようにしたいと思います。翼を広げておられる聖霊を受けることができますように。

出エジプト記第二四章

まず、一節を見てください。

主は、モーセに仰せられた。「あなたとアロン、ナダブとアビフ、それにイスラエルの長老七十人は、主のところに上り、遠く離れて伏し拝め。」

神がここで七十人の長老もモーセとともに山に上ることを望まれたのは、大きな恵みでした。一九章、二〇章で、イスラエルの民はみな山の上で神を礼拝しようとしました。けれども彼らは神の恵みを受けようとは思わず、ただ神の戒めだけを望みました。人の力、人の意志をもって神を拝そうとしたのです。

人は自分には神を拝する資格がなく、また神の命令を守る力もありません。ですから、失敗は避けられません。それで一九章で彼らは呪いを受けることになりました。しかし今、神はここで七十人を選んで恵みを示し、再び神に近づく道を示してくださいました。一九章では、民はみな自分を頼んで律法を見ていました。それでシナイ山は恐怖の場であり、また暗黒の場になっていました。しかし二四章では、民は神に頼んで恵みを見るようになりました。それで同じシナイ山が感謝の場となり、光の山となりました。

神は常に変わらず、シナイの山も終始同じですが、神の御座に近づく時に、この反対の姿が私たちの中に起こるのはどういうことでしょうか。これはただ、贖罪《しょくざい》の血があるかないかによります。血が注がれて後は（六節）、モーセのように進んで山に上り（九節）、神を見て拝することができます（一〇節）。

二節を見てください。

モーセひとり主のもとに近づけ。他の者は近づいてはならない。民もモーセといっしょに上ってはならない。

昔モーセはイスラエル人の仲保者で、神の前に血を注ぎ、民の中の七十人を率いて神に近づかせました。いま私たちは主イエスの贖罪《しょくざい》と仲保によって、恐れることなく神に近づくことができます。これは実に大きな特権です。

三節です。

そこでモーセは来て、主のことばと、定めをことごとく民に告げた。すると、民はみな声を一つにして答えて言った。「主の仰せられたことは、みな行います。」

民はモーセによって神の言葉を聞き、異口同音に「私たちはこれをみな行います」と誓いました。彼らは大胆にこの誓いの言葉を発し、献身を決心しました。けれども三週間もしないうちに、三二章において金の子牛を鋳造し、これを拝し、罪の奴隷となりました。これは少しも不思議なことではありません。彼らはただ自分の力に頼って誓ったのであり、これを実行することができないのはむしろ当然のことなのです。神の恵みによらず、信仰によらず、霊によらずに、肉によって誓いをなす者は、いつでも同様です。

四節、五節を見てください。

それで、モーセは主のことばを、ことごとく書きしるした。そうしてモーセは、翌朝早く、山のふもとに祭壇を築き、またイスラエルの十二部族にしたがって十二の石の柱を立てた。それから、彼はイスラエル人の若者たちを遣わしたので、彼らは全焼のいけにえをささげ、また、和解のいけにえとして雄牛を主にささげた。

神は、民がご自身に近づくことができないため、汚れた陣営より少し離れた山の麓に祭壇を築き、そこで全焼のいけにえや和解のいけにえをささげ、罪の潔《きよ》めをするように言われました。ひとり神の命令を聞いたモーセは、下って行って、その命令のとおり若い人たちを遣わし、これを行わせました。そしてモーセはその血を取って半分を祭壇に注ぎ、半分を民に注ぎかけ、罪の贖《あがな》いをして、契約を確かめました（六～八節）。

ヘブル人への手紙九章一三節より一八節まではこのことを解釈しています。すなわち、遺書は破ることのできない契約です。けれどもこれを書いた遺言者が生きている間は、その契約の価値はありません。なぜならば、これを書いた者がこれを変え、あるいはこれを破ることができるからです。けれどもこれを書いた者が死んだならば、もはや破ることができません。変わらない契約として、いつまでも残ります。遺言書に力があるということは、これを書いた者が死んだことを表します。ですから、旧約では牛や羊の血によって契約を立てました。新約では十字架によって契約が成立しました。神の子が十字架によって死に、人もまた十字架によって死に、両方が死んで永遠の契約が確かめられました。

十字架の血は贖罪《しょくざい》の材料で、また契約のしるしです。謀反人には王と契約する資格がないように、罪人である私たちは神と契約を結ぶことができません。まず契約を結ぶ前に、当然の罰を受けるか、あるいは罪の赦《ゆる》しを受けて義とされなければなりません。人が聖なる神と契約を結ぶには、まず贖罪がなければなりません。カルバリの十字架の血は私たちの罪を潔《きよ》めて義としますが、それと同時に、その血は義とされた私たちが神のものとされたという契約のしるしとなりました。そのように十字架には二つの意味があります。一つは罪の贖《あがな》い、もう一つは契約です。聖晩餐《せいばんさん》の時に主が言われた言葉は明らかにこれを表しています。すなわち、「これは、わたしの契約の血です。罪を赦《ゆる》すために多くの人のために流されるものです」（マタイ二六・二八）。

出エジプト記二四章九節です。

それからモーセとアロン、ナダブとアビフ、それにイスラエルの長老七十人は上って行った。

彼ら七十人はこの血のゆえに山に上ることができました。罪に汚れた私たちも、カルバリで流された血のために聖なる神に近づくことができるのです。

一〇節。

そうして、彼らはイスラエルの神を仰ぎ見た。御足の下にはサファイヤを敷いたようなものがあり、透き通っていて青空のようであった。

「神を仰ぎ見る」とは、心の中で見たということです。詩篇六三篇二節などにも同じ語が用いられていて、啓示を受けることと同じ意味です。彼らは、神が神聖であること、および天に属する栄光を示されて見ました。サファイヤの青い色は天の色を示し、聖なることを示します。

一一節です。

神はイスラエル人の指導者たちに手を下されなかったので、彼らは神を見、しかも飲み食いをした。

この節にある「神を見」の「見る」は、一〇節の「仰ぎ見る」とは違って、イザヤ書三〇章一〇節にある語と同じで、夢を見るとか幻を見るとかいう場合に用いられています。「飲み食いをした」とは、和解のいけにえをささげたときに飲み食いをしたということで、もとより厳粛なことです。けれどもこれは神と人との和解を示すものです。イスラエル人は血によって、近づくことのできない神と和解することができました(ローマ五・一)。

先に一九章では、民は恐れおののき、神は彼らを近づかせず、もしも彼らが近づくならば、神の潔《きよ》さのゆえに殺されなければなりませんでした(二一、二四節)。けれども今この七十人は神を見、恐怖はなく、喜びにあふれています。これは彼らが血を受けたからです。一九章は旧約的であると言うことができます。いま私たちが主の血によって恐れることなく、また憚《はばか》ることなく神に近づくことができるのは、まことに幸いな恵みではないでしょうか。

一一節を見てください。

主はモーセに仰せられた。「山へ行き、わたしのところに上り、そこにおれ。彼らを教えるために、わたしが書きしるしたおしえと命令の石の板をあなたに授けよう。」

モーセは神に呼ばれて山に上り、長老を山の麓に待たせていました。けれども三二章を見ると、長老たちは、ちょうどゲッセマネで弟子たちが祈ることができずに眠ったように、モーセを待つことができずに民のもとに帰り、民といっしょになって偶像を作り、大きな罪に陥ったことがわかります。神の栄光を見て喜びを得ましたが、不信仰な彼らは待ち通すことができず、忍ぶことができませんでした。

一三節。

そこで、モーセとその従者ヨシュアは立ち上がり、モーセは神の山に登った。

ここで一人、私たちが学ぶべき人がいます。ヨシュアです。彼は神に呼ばれたのではありませんが、神の栄光を望んで、これを切に望み、ついに大胆にも立ってモーセに従いました。神はこのような大胆な信仰を愛し、彼にご自身の栄光を示すことを惜しまれませんでした。エリシャがエリヤに従ったのも、これと同様でした。私たちも憚《はばか》ることなく信仰をもって進み、恵みの座に近づきたいと思います。七十人の長老のように退いて罪を犯してはなりません。彼らもヨシュアのように進めばよかったのですが、そうしませんでした。神は私たちにヨシュアのようであることを望まれます。一歩踏み出して神の栄光を見てください。退けば罪を犯すようになります。

一五節から一七節までをご覧ください。

モーセが山に登ると、雲が山をおおった。主の栄光はシナイ山の上にとどまり、雲は六日間、山をおおっていた。七日目に主は雲の中からモーセを呼ばれた。主の栄光は、イスラエル人の目には、山の頂で燃え上がる火のように見えた。

ヨシュアはモーセと共に登りました。神は彼に大任をお与えになりました。彼らは一二節の約束のものを得るために食を断って待つこと六日間、七日目に至って初めて御声を聞きました。彼らは御声によっていよいよ深く進み、ついに雲の中に入りました。彼らはそのようにしていよいよ幸いの中に進みましたが、イスラエルの民はいよいよ恐れました。遠ざかって恐れる民には、この恵みの座も燃え上がる火と見えました。

一九章のシナイ山も、二四章のシナイ山も同じように恐ろしい火のようでした。けれども、先にはまだ登ってはならず、近づいてはなりませんでしたが、この時には登ることができ、近づくこともできました。信仰によって大胆に進み入るならば、燃え上がる恐るべき火も、恵みと憐《あわ》れみの場所となります。恐ろしい義の神も、血潮の功績によって愛と和解の神として私たちに現れてくださいます。

それでも、恐れて来ない者、また頑固で信じない者は、この神の真の姿を見ることができず、ただ恐ろしい義という外側のみを見てしまいます。私が初めて献身を教えられたときには、献身とはただ苦しい重荷のようにばかり感じられ、神は恐ろしい御方とだけ見えました。けれども自分を見ず、神の恵みを見、血潮を信じて大胆にこの身を主の御手に任せたときに、平安を得、幸いを得ました。遠くから見る人の眼には燃え上がる火のようなシナイ山も、近づいてその中に入るならば、神との楽しい交わりの場です。

ダニエル書三章の三人の青年には、炉の火も害を与えることがありませんでした。不信仰なバビロン人には恐怖がありましたが、三人はかえって平和で栄光の中にありました。大胆な信仰は神の喜ばれるところで、私たちの学ぶべきところです。

なお、終わりに一言申し上げたいことは、神は直接に民に語ろうと望んでおられることです。しかしイスラエルの民の耳には雷鳴のようで、またラッパのようでしたから、とてもそれに堪えることができず、恐れおののいてこれを避け、モーセに御旨《みむね》をうかがわせました。彼らは神から直接に聞く特権を捨てて、人を通して聞こうとしました。今の私たちも同様ではありませんか。救われた私たちは憚《はばか》らず神の御前に出て、その御声を聞くべきです。とはいえ、神の声は、肉に属する弱い人にはあまりに強くて、とても堪えられないものでしょう。それで、牧師により、書物により、そのほかの方法によって神の栄光を見ようとし、その御旨をうかがおうとします。これは決して悪いことではなく、退けるべきことではありません。けれども、もしもそのために自分が神に近づくことを怠り、神の栄光から遠ざかるとすれば、実に危険なことです。

中命記五章の二四節より二七節までを見てください。そのように民は神に近づくことを避け、モーセの仲保を願いました。神はこれをも咎《とが》められません。同二八節にあるように、いずれであっても善とされます。マリヤとマルタの行為を見てください。主はマリヤのようにあることを最も好まれますが、それでもマルタの行いを咎《とが》めることをなさいません。それと同じで、神は民らの願うとおり天幕に帰らせ（同三〇節）、モーセを立てて命令を聞かせました（同三一節）。

さて、神はいつも多くの恵みを与えようと望まれますが、私たちはイスラエルの民のようであることを選ぶでしょうか。あるいは、モーセのようであることを選ぶでしょうか。イスラエル人は自分たちの天幕に帰り、モーセは栄光の「暗やみ」（口語訳では「濃い雲」）に入りました（出エジプト二〇・二〇〜二一）。彼は光より光に、恵みより恵みに進みました。私たちは教会の礼拝で、また密室の祈りで、たびたび神の栄光を示され、またその御旨を聞かされます。けれども軽率さのために常にその機会を失い、低いところに満足して、再び自分の天幕に帰ることがないでしょうか。濃い雲に、あの「暗やみ」に進んだモーセは私たちの良い模範です。神の栄光を見、また神の御声を聞いたならば、どうか敬虔に敬虔を加えてますます神に近づき、いよいよ新たな経験に進みたいものです。

金銭に関する神の御旨《みむね》

この問題は最も肝要なことですが、熱心な信者であっても十分に考えない人がいます。私は今、このことについて少しばかりお話ししたいと思います。皆さんも神の御前でよく考えてください。

このことは、私たちが霊的な幸いを得て、神と共に歩むことと深い関係があり、聖別会のような集会でも論ずべきことです。金銭をどういうふうに使っているかということで、その人の魂の状態がよくわかります。他の点から見ると、いろいろ見誤ることもありますが、この点から人を見ると、その人が真に神を信じ、また人を愛しているかどうかがよくわかります。

金銭は、一方では神の恵みですが、一方では堕落に誘うものです。もしこれを神にささげるならば、その人はこれによって世と肉の欲に勝つことができますが、ただ自分のためにこれを費やすならば、肉の欲を満たすか、そうでなければ驕《おご》る心を生むようになります。私たちは肉を十字架につけたのですから、自分の肉を喜ばせるために決して用いてはなりません。また他の人に愛と憐《あわ》れみを表すために実際のところ必要なものですから、そのことを考えて他の人のために自らを制しなければなりません。

私たちは金銭によって他の人に幸福を与えることができます。失われた魂はこれによって救われ、弱っている人はこれによって健康を与えられ、世の波風に打たれて失望に沈んでいる者はこれによって喜びを得ます。金銭はちょうど生きた種のようなもので、これをどう蒔《ま》くかによって、他の人の幸福のために三十倍、六十倍、百倍の実を結ぶことができます。私たちはこのことに十分注意し、他の人に幸福を与えるものをみだりに使わないようにしたいと思います。

私たちが金銭の使用法についてどういう考えをもつべきかということについて、ジョン・ウェスレーが説教の中で次の三つのことを教えています。

第一、できるだけ儲《もう》けよ。

第二、できるだけ貯蓄せよ。

第三、できるだけ他の人に与えよ。

私は、この三つの原則を実行する人は真に知恵のある人だと思います。今その終わりの二つについてしばらくお話ししましょう。

この第二の「できるだけ貯蓄せよ」は、熱心な信者であっても、よく軽視することがありますが、それぞれの生涯の中で収入以上の金銭が必要な場合のあることを考えれば、このことは当然しなければならないことです。あの速やかに準備をした「不正な管理人」は主人にほめられました（ルカ一六・八）。私たちは将来の必要のために現在の収入の中から貯蓄をしなければならないことを、蟻からも学ばなければなりません（箴言六・六～八）。エジプトに飢饉《ききん》が来ようとしたときに、神は、十分な準備をさせるために、豊作の時にヨセフを送られました。このように、必要な場合はだれにでも必ず訪れます。

ある人はこう言うかもしれません。「私たちは神を信じていれば、必要が生じた場合には、神は必ず道を開いて、必要なものを与えてくださる。だから、そういう時にはむしろ神を信頼するほうがよいのではないか」と。なるほどまさにそのとおりで、神は特別な場合には特別な憐《あわ》れみをもって必要なものを与えてくださるでしょう。しかし、自分の必要な負担をそれぞれ負わなければならないことは神の御旨《みむね》であることを忘れてはなりません。必要でないもののために金銭を使って貯蓄が全くなかった人が、自分を制して来るべき必要のために貯蓄することは、決して信仰の薄いことを表すものではなく、かえって欲望に打ち勝つ力の大きさを示すものです。

自分を制しようとしない人は、自分の得た金銭をみな費やしてしまいます。けれども、方針を立てて生涯を送る人は、あらかじめ現在のために費やす額と将来のために貯《たくわ》える額とを定めて、自制し、現在の欲望を抑えます。もしそのことを決心しないならば、誘惑に負け、すべて使ってしまうようになります。

ことに家族などのいる人は特にこの心がなければなりません。たとえばあなたの家族の一人が長期間病気を患っていると考えてください。つねづね貯金をしなかったために、その人に必要な物を買えなかったならば、どうでしょうか。また子どものいる人は、やがて学校に入れるか職業に就かせなければなりません。こういうことをするのは親の責任です（Ⅱコリント一二・一四）。もしもそういう将来の必要のためにつねづね貯金をしない人は、神の御前に罪を犯しているのです。「もしも親族、ことに自分の家族を顧みない人がいるなら、その人は信仰を捨てているのであって、不信者よりも悪いのです」（Ⅰテモテ五・八）。私たちは「すべての人が良いと思うことを図り」たいと思います（ローマ一二・一七）。

私は、皆さんがいくぶんか財産を所有するようになるまでは、収入の十分の一ずつを貯蓄することをお勧めします。これはまた欲望に勝つことであって、品性を養うことです。また、貯蓄することは神の御前に当然なすべきことであると思います。ですから毎月その額を定め、給料を得たら、さっそく銀行に預けるようにしたほうがよいと思います。もし月末に残っただけを貯蓄しようと思うと、少しも貯えることができなくなるでしょう。それで、あらかじめ神の御前にこのことを定めて、神の力によって成就するように決心したいものです。

その次に、「できるだけ与えよ」ということについてお話ししましょう。私たちはいやしくも神の性質を持っているのですから、人に与えなければならないはずです。神は与えることを喜び、私たちのためにその御ひとり子をさえ与えてくださいました。

私たちは、与えることによって主イエス・キリストの恵みを人々の前に現すことができます。そして、それによって自分も恵みに満たされます。もとより、潔《きよ》められた人の金銭はみな神のものではありますが、特別に神のために人に与えなければなりません。ちょうど、私たちのすべての時間は神のものですが、一週間のうち一日を格別にささげて、神を礼拝するために費やすようなものです。同じように聖書には、与えることについて明確に教えられています（Ⅰコリント一六・二）。

神はイスラエル人に収入の十分の一をささげることをお求めになりました。けれども彼らは毎年、収入の三分の一にあたるほどの多くのささげ物と初穂をささげました。私は、だれでも他の人のために収入の十分の一の定額を神にささげることは妥当であると信ずるものです。これは義務的のものではなく、愛に基づく自由な心からしなければなりません。私たちの心はおのずと欺きやすいものですから、定まった考えをもって進むのでなければ、神の御前に盗みの罪に陥るようになります。伝道者は自分で収入の十分の一をささげていなければ、どうして自分の牧会する信者にそのことを勧められるでしょうか。

ある伝道者は収入の四十分の一もささげずに、それで熱心に教会の自給を唱えていました。これは偽善であって、その勧めが益のないものであったことは不思議ではありません。もしも十人の信者がいるところで、それぞれが給料の十分の一をささげるならば、その教会のために一人の伝道者を養うことができるでしょう。これは日本よりもはるかに貧しい国の人たちの間でも現に行われていることですから、私たちも熱心に献金ができるよう努めたいものです。

どうか、いま私が申し上げたことをよく考えてくださるようにお願いします。神はこのことに関して皆さんに霊の悟りを与えてくださいます。もし今まで金銭の使用法が悪かったことがわかったならば、今はまさに悔い改めるべき時です。神は過去を咎《とが》めずに、将来神の御旨を行うことのできるように恵みを与えてくださいます。

民数記第二〇章

私たちの務めは、荒野で渇いている人に水を分け与えることです。そのことを考えると、自分の力に依り頼むのは愚かなことです。私たちはモーセのように神の力に依り頼まなければなりません。

当時、イスラエルの会衆は、水がなかったので、集まってモーセとアロンに迫りました（二節）。そこには種を蒔《ま》く所がなく、いちじくもなく、ぶどうもなく、ざくろもなく、また飲み水もありませんでした（五節）。だんだん気候が悪くなってきて、太陽が山から照って暑くなってきました。持っていた水がなくなり、もう望みもなく、ただ死ぬよりほかに道がないように思えてきました。そして、いま渇きがあります。また近い将来はまさに死ぬばかりです。実に憐《あわ》れむべき状況です。

兄弟姉妹よ。私たちのまわりに、同じような状態に陥っている人がいるのではないでしょうか。その時、三百万人ほどが水のない荒野でさまよっていました。それと同じほどの多くの人たちが渇いて、死に至る道を歩んでいます。荒野にさまよっています。水がありません。望みがありません。だんだん気候が悪くなって、死よりほかに道がありません。手立てがありません。これは詩篇六三篇と同じような状況です。しかしモーセには何もできません。
その時に、神はご自分を現されました。人間の力が尽きたときに、神はご自分を現されます。人間の望み、肉体に関する望みがなくなったときに、神はご自分の力を現されます。「主がこれによってご自身を、聖なる者として示されたのである」（民数二〇・一三）。実に幸いです。神はそこにおられて、ご自分を現されます。ヨハネの福音書二章一一節は、この一三節と同様の状況です。「イエスはこのことを最初のしるしとしてガリラヤのカナで行い、ご自分の栄光を現された。それで、弟子たちはイエスを信じた。」そのように栄えを現されました。その聖であることを現されました。人間の望みのないところで神が現れます。神はただ人間の力を助けるだけでなく、望みのないところであれば、神はいつでもご自分を現されます。ですから、望みのないところはいつでも望みに満たされるところです。実に失望のところは、大きな満足を得るところです。
「わたしは、裸の丘に川を開き、
平地に泉をわかせる。

荒野を水のある沢とし、
砂漠の地を水の源とする。」（イザヤ四一・一八）
これは神の働きです。自然の法則に反対して、乾いた地を水の源となさいます。私たちの神はそのような神ですから、幸いです。
ですから、この飢え渇く地を見てください。この地を見てください。日本を見てください。世界を見てください。人間の眼から見れば、望みがあるでしょうか。いいえ、ありません。けれどもそこで神はご自分を現されます。そこで神はご自分が聖であること、忠実であること、またその御力を現されます。
「神は、岩を水のある沢に変えられた。
堅い石を水の出る泉に。」（詩篇一一四・八）
ですから望みがあります。神を信じて働きたいものです。神を望んで働きたいものです。今、渇いている人はたくさんいて、罪人の哀《あわ》れな姿が明白に見えます。けれども神は生きておられますから、急に流れる水を出すことがおできになります。
「ところが会衆のためには水がなかったので、彼らは集まってモーセとアロンとに逆らった」（民数二〇・二）。
このように民はつぶやきました。けれども二人は答えませんでした。

「モーセとアロンは集会の前から去り、会見の天幕の入口に行ってひれ伏した。すると主の栄光が彼らに現れた」（同六節）。

実にこれは忠義の道です。人々が私を侮るならば、それに答えずに去って、神の御前に出たいと思います。モーセとアロンの二人は会衆を治める人です。けれども水を造る力はありません。ですからそのことに答えないで神の御前に出ました。

兄弟姉妹よ。私たちは、人々がつぶやくときに、どうしますか。むしろいっしょにつぶやきますか。あるいはこれに反対して争いますか。いや、私たちは静かに神の御前に退きたいと思います。

その時に主の栄光が現れました（同六節）。二人はそこで勝利を得ました。会衆と争わずに、かえって柔和に神に祈りました。神はその祈りに答えて、主の栄光が彼らに現れました。そういう時に神の栄光を見ることができます。望みのない時に、どうしようもない時に、神に近づくことができます。神の栄光を見ることができます。

神はこの時どう言われますか。人々を咎《とが》められますか。咎《とが》めたとしても、それは正しいことでしょう。イスラエル人は、自分たちの過ちのために荒野で迷いました。神は少し前に、一四章、一五章で、イスラエル人に十分な導きを与えてくださいました。神は恵みに満ちた地を与えようとされました。けれどもそれを断ったために、こういう状態になったのです。また、それだけにとどまらず、自分の咎《とが》を謝罪することなく、自分の咎《とが》の結果であることを承知することなく、かえって恵みの源である神を離れてつぶやきました。けれども神は忍耐をもってこの人々を扱われました。神はその罪を咎《とが》めずに、かえって、渇くこの人々を憐《あわ》れまれました。以前の罪を忘れて、かえって現在の哀れな状態をご覧になって、水を与える用意をなさいます。これによって神の憐《あわ》れみと忍耐を見てください。

神は私たちを同じように扱われます。私たちは自分の罪のために荒野でさまよって渇いています。それだけではありません。神の導きについてつぶきますが、神はそれを耐え忍ばれます。かえって私たちに恵みを分け与えたいと望んでおられます。神は私たちの罪に従って私たちを扱うことをなさいません。むしろ、ご自分の憐《あわ》れみの約束に従って私たちを扱ってくださいます。

神はどのように水を下さるのでしょうか。それは、モーセを導かれたようにしてです。兄弟姉妹よ。神の導きを聞きたいと思います。そして飢え渇く者を癒《いや》したいのです。そのためには神の導きを聞かなければなりません。神の命令を聞かなければなりません。私たちの働きでは不可能です。私たちはただ神の力、神の命令、神の導きに従わなければなりません。その命令とは何でしょうか。

「杖《つえ》を取れ。あなたとあなたの兄弟アロンは、会衆を集めよ。あなたがたが彼らの目の前で岩に命じれば、岩は水を出す。あなたは、彼らのために岩から水を出し、会衆とその家畜に飲ませよ」（民数二〇・八）。

「そしてモーセとアロンは岩の前に集会を召集して、彼らに言った。『逆らう者たちよ。さあ、聞け。この岩から私たちがあなたがたのために水を出さなければならないのか』」（同一〇節）。

第一に、モーセは岩の前にこの人々を集めました。この岩はどんな岩でしょうか。これは「打たれた岩」です（出エジプト一七・六）。兄弟姉妹よ。罪人に生命《いのち》の水を与えようと願うならば、打たれた岩、すなわち主イエスの前に人々を集めなければなりません。人々の眼の前に、打たれた岩である主イエスを示さなければなりません（ガラテヤ三・一）。それによってイスラエル人は生ける水を得ました。

これは愚かなことのようです。人間の知恵から見れば愚かなことです。けれども、人間の愚かなことは神の知恵であることです。ですから十字架を人間の眼の前に示さなければなりません。十字架を宣べ伝えなければなりません。十字架によって、神の愛、救いの道、罪の赦《ゆる》しを明らかに示さなければなりません。

兄弟姉妹よ。私たちは説教する時にどうでしょうか。人々を岩の前に導きますか。

主イエスの十字架を示しますか。そうしたいと思います。そして生ける水が出るのを待ち望まなければなりません。第一にそれを学びたいと思います。

第二に、「そこでモーセは、主が彼に命じられたとおりに、主の前から杖《つえ》を取った」（九節）とある、この杖《つえ》はどういうものでしょうか。それは、民数記一七章八節の杖《つえ》です。すなわち、よみがえった杖《つえ》です。この節では、アロンが神ご自身の選ばれた大祭司であることを示します。神は私たちの眼の前に大祭司を示されます。私たちは、人々に生ける水を出そうとするときには、この杖《つえ》を持たなければなりません。主イエスの復活というしるしをもって働かなければなりません。

「このことは、彼（アブラハム）が信じた神、すなわち死者を生かし、無いものを有るもののようにお呼びになる方の御前で、そうなのです」（ローマ四・一七）。

アブラハムはそのような神を信じました。神はそれほどの力をお持ちであると信じました。死者を生かし、無いものを有るもののようにお呼びになる神を信じました。私たちも復活の力をお持ちになる神を信じなければなりません。

エゼキエルは、神の教えに従って枯れた骨に説教したときに、その骨はよみがえりました（エゼキエル三七・一〇）。私たちは、神は死者をよみがえらせると信じなければなりません。それを信じなければ、エゼキエルの話は愚かなことです。私たちが復活の主イエスを信じなければ、私たちの説教は愚かなことです。神が見えない人には、主を説教して見せなければなりません。神の声が聞こえない人には、生命《いのち》の言葉を説教しなければなりません。私たちが復活の力をお持ちの神を信じるならば、神の生命《いのち》の真理をこうした人々に説教しなければなりません。

主イエスはサマリヤの女性に実に深い真理を宣べ伝えられましたが、その女性はこれを悟ることができませんでした。これは自然のことで、お話しすること自体が愚かなことのようです。無学の者に真理を話すのは愚かなことのようです。けれどもイエスは枯れた骨に説教なさいました。その生命《いのち》の言葉によって、生命《いのち》の種によって、枯れた骨が生命《いのち》を受けました。復活の神を信じて説教したいと思います。よみがえりの杖《つえ》を持って人々を岩の下に集めたいと思います。

けれどもこの杖《つえ》は、なおほかの意味を持っていると思われます。新しいこの杖《つえ》を持つ者は、神の選ばれた大祭司、神と人との仲保者であることを示します。神はその人によって人間を恵み、その人は人々に代わって神に人々の願いを示し、また人々のために神に祈ります。それで、この杖《つえ》は私たちの大祭司である主の祈りを示すと思います。そのときどうして水が出ましたか。大祭司の祈りがあったからです。神の御前に大祭司である仲保者がいます。それで、あふれるほどの生命《いのち》の水をいただくことができます。主イエスが昇天したので、神の御前に現れたので、私たちのために祈ってくださったので、私たちはあふれるほどの生命《いのち》の水をいただくことができるのです。

第三に、これは「使徒の働き」二章と同じ真理です。「使徒の働き」でペテロは、聞く人々に生命《いのち》の水を与えました。まず初めに二三節で主の十字架を示します。十字架にかかられた主イエスを示します。そして、打たれた岩の前に人々を集めます。二四節より三二節までの間に主の復活を示します。アロンがその杖《つえ》をもってイスラエル人を岩の前に集めたのと同じことです。よみがえりの杖《つえ》を示し、その勝利を示します。「ですから、神の右に上げられたイエスが、御父から約束された聖霊を受けて、今あなたがたが見聞きしているこの聖霊をお注ぎになったのです」（使徒二・三三）。

私たちの大祭司は神の御前に現れ、その祈りとその仲保によって、私たちも今、ペンテコステの霊をいただくことができます。真理は同じです。私たちは、主の祈りによって説教するならば、十字架によって説教するならば、打たれた岩からあふれるほどの水が流れてきます。これは神の約束です。神の堅い約束です。神はなぜこのとき水を与えたのでしょうか。それは、四百年前に与えてくださった約束があるからです。古い約束に基づいて、岩を開いて水を出してくださいました。私たちが神の堅い約束をもってこれを信じるときに、神は水を注いでくださいます。

「わたしは潤いのない地に水を注ぎ、
かわいた地に豊かな流れを注ぎ、
わたしの霊をあなたのすえに、
わたしの祝福をあなたの子孫に注ごう。」（イザヤ四四・三）

この「流れを注ぎ」と記されている箇所は、英語では'flood'すなわち洪水という意味です。ですから、先祖に与えた約束に従って、神は必ずそれを成就されます。神は忠実な方です。ご自分の約束に従って水を与えてくださいます。

第四に、「岩に命じよ」（八節）です。これは祈りを指します。命令のような祈りです。「岩に命じよ」と。この語の中に深い真理を見いだすことができます。「命じよ」はとても強い言葉のようです。しかしこれによって祈りの力を見ないでしょうか。

エゼキエル書三七章九節を見てください。これは実に荘厳なことです。息に命じています。このことから祈りの力がいかに大きなものであるかを学びたいと思います。マルコの福音書一一章二三、二四節は、信仰の祈りを指します。けれども二三節は祈りではありません。「動いて、海に入れ」は命令です。信仰の命令です。

兄弟姉妹よ。私たちにはこの真理がよくわかりません。けれども聖書にありますから、霊の知識によってこの意味を悟りたいと思います。神は私たちにそれほどの力を授けてくださいます。祈りの力だけでなく、命令の力も与えてくださいます。けれども、子どもが大人の武器を持てば、かえって害になるように、子どもである私たちには、この命令の祈りを用いる力がないでしょう。けれども私たちは信仰の祈りをささげることができます。岩に命じることはできないでしょう。けれども、岩に信仰の祈りをささげることはできます。

私たちは、人間の前に十字架の主、復活の主を見せ、また大祭司である主に頼まなければなりません。けれどもそれだけでなく、岩にそのような祈りをささげて説教しなければなりません。そうすれば、水は多く湧き出ます。実に楽しいことです。荒野の中に水が多く湧き出ます。飢え渇く者は自由に清水を飲むことができます。これまで、汚れた濁《にご》り水を飲んでいましたが、今、神の手から清い水が出ました。喜び楽しんで、十分に飲むことができます。これは神の富に伴う賜物です。

ペンテコステの日に神は同じ水を与えてくださいました。エゼキエル書四七章にも同じ水を見ます。どんどん湧き出て、大きく深くなり、世界の荒野に流れてくる生命《いのち》の川となります。兄弟姉妹よ。神は私たちに、その川を流す特権を与えてくださいます。神は各所に生命《いのち》の水を流すことがおできになります。私たちはその管となりたいと願います。

けれども、その時にモーセは種々の過ちを犯しました。しばらくその過ちについて考えてみます。兄弟姉妹よ。神のために過ちを犯すことは大きな罪です。どうぞそのことを恐れて、この過ちに陥らず、神の奇蹟を待ち望みたいと思います。

第一に、モーセはこの過ちのために、カナンの地に入ることを許されませんでした。イスラエル人をエジプトからカナンへ導くために、自分の栄誉も財産も高い地位も捨てました。けれども、この過ちのために事業を遂げることができませんでした。神は公平なお方です。この罪はそれほど大きな罪なのです。その時イスラエル人は神からのあふれるほどの恵みを拒みました。またつぶやきました。神は忍耐をもってこれを忍ばれました。けれどもモーセの罪は赦《ゆる》すことができませんでした。私たちはこのことから、私たちの聖なる職務の中で過ちを犯すことがいかに大きな罪であるかを悟りたいのです。

その罪とは、彼が「自分」を出したことです。

「さあ、聞け。この岩から私たちがあなたがたのために水を出さなければならないのか」（民数二〇・一〇）。

モーセは「自分」を出しました。「使徒の働き」三章一二節の反対です。ペテロは「自分」を出さずに神を出しました。モーセは「自分」を出しました。

兄弟姉妹よ。神の聖なる働きの中に「自分」を出すのは実に恐るべきことです。私の能弁、私の学力、私の霊の知識を出すことは恐ろしい罪です。どうぞ兄弟姉妹よ、気をつけてください。実に伝道者の身分は危ないものです。私たちには伝道者の務めを果たす大胆さがありません。かえって、恐れて断るほうがよいのではないかと思います。神の聖なる奇蹟を待ち望むときに「自分」の力を出すことは、何よりも重い罪です。王の王である神の働かれる時に「自分」の働きを出すことは大いなる罪です。

第二に、「逆らう者たちよ。さあ、聞け」(民数二〇・一〇)とモーセは言いました。実に恐るべきことです。

私たちもこのように神の愛を説教したことはないでしょうか。神の愛とその恵みを説教するときに、「逆らう者たちよ。さあ、聞け」と説教したことがないでしょうか。私たちは、心によって、眼の光によって、顔色で、罪人への愛を示さなければなりません。私たちが人々の中で神の愛を説教するときには、神の代理人ですから、神の心をもって説教しなければなりません。愛と忍耐をもって説教しなければなりません。この時、神は格別にイスラエル人に忍耐と恵みと愛とをもって扱いましたから、モーセも同じ心をもって神の恵みを示すべきでした。兄弟姉妹よ。神の恵みを得ようと思うならば、どうか罪人を憐《あわ》れむ心を用いたいものです。

第三に、モーセは神の命令に従いませんでした。神は「岩に命じよ」と明確に命令なさいました。けれどもモーセは二度、岩を打ちました。

かつて神は岩を打つことを命じられたことがありました。それでモーセはその方法によって古い方法を用いるだけで、神の新しい命令に従いませんでした。

兄弟姉妹よ。神がかつて私たちを通して人々に恵みをお与えになったとしても、次からは神に頼まず同じ方法で、死んだ方法で人々に接してはなりません。どうか今一度神の御声を聞き、新しい導きを受けたいと思います。神の導きが古い方法を使うことで差し支えがなければ、慎重に祈りを通してその命令を受けたいと思います。

第四に、「岩を二度打った」(同一一節)です。これは肉の勢いを示します。肉的な元気です。少しばかりの熱心をもって自分の力を現します。ただ岩に命じるだけで、神の働きによって水が出るのです。それにもかかわらず、二度、力を入れて岩を打つならば、モーセの力によって水が出たように、肉に属する勢いを示してしまいます。肉体の元気はいつでも神の栄光を隠します。どうか肉の力を隠して、神の栄光を現したいと思います。

モーセの罪の源はどの点でしょうか。

「あなたがたはわたしを信ぜず、わたしをイスラエルの人々の前に聖なる者としなかった」(同一二節)。

神はこのようにモーセとアロンに言われました。不信仰の前に、モーセはいつでも高い信仰を持っていました。神が奇蹟を行われると信じて、人々を岩の前に集めました。これは高い信仰ですが、不信仰の分子があとから来ました。私たちの信仰はどんなに高くても、不信仰の分子があれば、必ず過ちに落ちます。すぐに過ちに落ちるものです。

「神を信じなさい」(マルコ一一・二二)。

「あなたがたが、神が遣わした者を信じること、それが神のわざです」(ヨハネ六・二九)。

これは肉に属する信者から見れば愚かなことであると思います。けれども、これこそ神の知恵です。信じることによって神は働かれます。

モーセはこれほどの過ちを犯しました。けれども神は祝福なさいました。神はモーセの働きによって働かれるのではありません。モーセが働かなくても、働かれる神です。私たちの働きは、かえって恵みを妨げることがあります。けれども神は大きな恵みをもって、妨げを構わず、恵みを降してくださいます。

私たちに誇るところがありますか。いいえ、少しもありません。私たちがモーセのように三百万人に十分な生命《いのち》の水を与えることができたとしても、少しも誇るところはありません。かえって、自分の過ちのために恵みを妨げたと思うはずです。神の働きはすばらしいものです。神はすばらしい力をもって働かれるので、私たちの小さな妨害をみな追い出して、ご自分の栄光、ご自分の聖なること、ご自分の忠実であることを示されます。とはいえ、私たちが過ちに陥るのは大きな罪ですから、よくよく慎みたいと思います。

私たちは、モーセの過ちのためにイスラエル人が飲む水を妨げられなかったことを知ります。けれどもモーセの過ちは恐ろしいものです。どうか恐れと慎みをもってこの働きを果たしてください。神の導きを考えず、祈らずに説教することなく、神の命令を求めて、祈りをもってそれをなしてください。説教する時は何よりも危ない時です。悪魔は私たちを落とそうとしますから、何よりも危ないことです。けれども、ユダの手紙二四節に記されているように、神は私たちを守ることがおできになります。私たちはこのように守られている者です。

ですから、愛する兄弟姉妹よ、今からそれぞれ自分の伝道地に帰って、荒野で水の出るのを見たいと思います。そして、渇いた人たちに生命《いのち》の水を飲ませてあげたいものです。

ヨナ書

神はヨナ以前の預言者を用いて、全世界の人類の罪を表し、これに刑罰を加えることを宣べられました。けれども愛に富む神は、その罪人を救おうとして、この時ヨナに福音を伝えさせられました。

第一章

アミタイの子ヨナに次のような主のことばがあった。(一節)

この時にヨナは神の使者となりました。私たちも、神の言葉を受けた、神から遣わされた伝道者であれば、ヨブ記三二章一八節より二一節までの経験が必要です。

「私にはことばがあふれており、

一つの霊が私を圧迫している。私の腹を。

今、私の腹は抜け口のないぶどう酒のようだ。
新しいぶどう酒の皮袋のように、
今にも張り裂けようとしている。
私は語って、気分を晴らしたい。
くちびるを開いて答えたい。
私はだれをもひいきしない。
どんな人にもへつらわない。」

「立って、あの大きな町ニネベに行き、これに向かって叫べ。彼らの悪がわたしの前に上って来たからだ。」（二節）

神の言葉はどのようにしてヨナに臨んだのでしょうか。彼はたびたび神に祈ったとき、ユダヤとほかの国々の有様を考え、またダビデの詩篇やそのほかの聖書を読んで、神が罪人を罰しなさることを知っていたので、神は「立って、ニネベに行け」とお命じになったのだと思います。神は私たちに向かってもたびたびこうした命令を与えられます。ピリポ、アナニヤ、ペテロらが成功したのは、この「立って、行け」というご命令に従ったからです（使徒八・二六、九・一〇、一一、一〇・一九、二〇）。

　このころ、ニネベはアッシリア国の首都で、周辺諸国を征服し、繁栄を極めていて、罪も氾濫していました。ヨナがそこの人々に福音を宣べ伝えたとき、最初は軽蔑《けいべつ》と迫害とを受けたに相違ありません。

　さて、私たちの行くべきニネベはどういう所でしょうか。そこは近い所かもしれません。あるいは遠い所であるかもしれません。頑《かた》くなな町かもしれません。私たちを迫害する村であるかもしれません。今日この集会で身も魂も神にささげて祈ることはたやすいことですが、勇ましく立ってニネベに行くことは難しいことであるかもしれません。しかし神がニネベの幾十万の人々を悔い改めに導くようにとの命令をヨナに与えたことは、彼にとってこの上もない栄誉であったように、仮に私たちが難しい伝道を命じられたとしても、それはたいへんな栄誉なのです。私たちはいったん命令を受けてニネベに行くならば、その地の罪を知り、同情を表し、涙をもって福音を宣べ伝えなければなりません。これはキリストの精神です。なお、ついでに言っておきますが、「使徒の働き」一六章九節は、神がほかの方法をもってその命令をお与えになったところです。

しかしヨナは、主の御顔を避けてタルシシュへのがれようとし、立って、ヨッパに下った。彼は、タルシシュ行きの船を見つけ、船賃を払ってそれに乗り、主の御顔を避けて、みなといっしょにタルシシュへ行こうとした。（三節）

「ニネベに行け」と命ぜられたヨナが、自分勝手にタルシシュに行こうと企てたように、神の御声を聞くことを望まず、もっぱら世のことばかり勉める人がいます。ヨナがタルシシュに伝道する気持ちがあったかどうかはわかりませんが、これは神の命じられたことではありません。私たちもヨナのように、神のお命じになった場所に行くことを好まずに、わがままに自分の欲する所に行くことはないでしょうか（創世四・一六参照）。しかしどこに行っても、神の御顔を避けることはできません。「私はあなたの御霊から離れて、どこへ行けましょう。私はあなたの御前を離れて、どこへのがれましょう」（詩篇一三九・七）とあるとおりです。

ニネベに行くようにとの神の命令をヨナが避けて逃げようとしたとき、悪魔はその機に乗じてタルシシュに行く船を準備しました。それと同じように、私たちが神の御顔を避けようとするときに、悪魔は船を準備して、これに誘い、タルシシュに至らせようとします。

さて、主は大風を海に吹きつけられた。それで海に激しい暴風が起こり、船は難破しそうになった。(四節)

ヨナは神を離れましたが、神はヨナを離れず、彼に大風の困難を与えて、悔い改めへと導かれました。私たちも神を離れるならば、神は困難の鞭《むち》をもってご自分に帰らせようとなさいます。

水夫たちは恐れ、彼らはそれぞれ、自分の神に向かって叫び、船を軽くしようと船の積荷を海に投げ捨てた。しかし、ヨナは船底に降りて行って横になり、ぐっすり寝込んでいた。(五節)

神に逆らった預言者と同船すれば、危難を受けなければなりません。「使徒の働き」二七章で、神はパウロによって同じ船の人々をお救いになりましたが、これとは逆に、もしも私たちが神に逆らうならば、他の人にまで害を及ぼすことがあります。

さて、ヨナは、暴風のために船が今にも転覆しようとするときに、安眠していました。これと同じように、堕落した信者は神の刑罰のもとにあっても、安眠して幸福を夢見ています。出エジプト記三二章一〇節を見ると、イスラエルの民が偶像を拝し、座っては飲み食いし、立っては戯れていたその時に、神はこの民を滅ぼす決心をなさいました。今も同様で、人々は神に逆らって平気でいますが、神の刑罰を免れることはできません。神の御声に従わない伝道者もまた神の刑罰を免れることができません。

船長が近づいて来て彼に言った。「いったいどうしたことか。寝込んだりして。起きて、あなたの神にお願いしなさい。あるいは、神が私たちに心を留めてくださって、私たちは滅びないですむかもしれない。」（六節）

これはヨナの悔い改めの始まりであって、神を信じない異邦人はヨナの心に刺激を与えました。神の御旨を異邦人に知らせるべき預言者であるヨナが、反対に彼らから勧められ、肉体の眠りだけでなく霊の眠りからも覚まされました。この時にヨナは堕落していて、心から神を呼び、助けを求めることができなかったからです（箴言一・二五〜二八参照）。

みなは互いに言った。「さあ、くじを引いて、だれのせいで、このわざわいが私たちに降りかかったかを知ろう。」彼らがくじを引くと、そのくじはヨナに当たった。（七節）

これはヨナが悔い改めに至る第二の点であったと思います。彼がくじに当たったときに、罪を犯したことを心の中で悟ったに相違ありません。また、船に乗っていた人々も、彼が罪人であることがわかったでしょう。民数記三二章二三節に、「しかし、もしそのようにしないなら、今や、あなたがたは主に対して罪を犯したのだ。あなたがたの罪の罰があることを思い知りなさい」とあります。またルカの福音書一二章二節に、「おおいかぶされているもので、現されないものはなく、隠されているもので、知られずに済むものはありません」とあります。今隠れているものも、後にみな現れる時が必ず来ます。主の再臨の時には、すべての罪が現れます。ですから、主の血によってその罪を洗い潔《きよ》められなければなりません。

そこで彼らはヨナに言った。「だれのせいで、このわざわいが私たちに降りかかったのか、告げてくれ。あなたの仕事は何か。あなたはどこから来たのか。あなたの国はどこか。いったいどこの民か。」（八節）

船中の人々が、ヨナがヘブル人であることを知らなかったのは、彼が言葉で神を示さなかっただけでなく、行いでも神の栄光を現すことがなかったからです。これは堕落した信者の姿です。私たちは言葉で神を現さない時でも、行いにおいて現すべきです。

ヨナは彼らに言った。「私はヘブル人です。私は海と陸を造られた天の神、主を恐れています。」（九節）

ヨナは船に乗るときは神を畏《おそ》れませんでしたが、今は畏れるようになりました。以前は、外面的には海と陸とを造られた神を信じていましたが、その確信がありませんでした。もし最初からこれがあったならば、この船には決して乗らなかったに相違ありません。いま眼前に神の御業《みわざ》を見、下された災難に遭《あ》って、初めて神を畏れる心が起こりました。これは聖霊がヨナの心に実を結んだためです。

それで人々は非常に恐れて、彼に言った。「何でそんなことをしたのか。」人々は、彼が主の御顔を避けてのがれようとしていることを知っていた。ヨナが先に、これを彼らに告げていたからである。（一〇節）

船の乗組員は恐れを抱いて、ヨナの悔い改めを導いたとき、自分の罪を怖れ、また神の大能とその御怒りとを知って、さらに恐れたことでしょう。

ヨナは彼らに言った。「私を捕らえて、海に投げ込みなさい。そうすれば、海はあなたがたのために静かになるでしょう。わかっています。この激しい暴風は、私のためにあなたがたを襲ったのです。」（一二節）

ヨナは真に悔い改めたので、こう言うことができました。「わかっています。この激しい暴風は、私のためにあなたがたを襲ったのです」と。彼は、自分のために他人にまで災いを及ぼしたことは悲しむべきことであると思ったのです。ヨシュア記七章を見ると、アカンが神に逆らって罪を犯したために、全体が戦いに敗北した、と記されていますが、今ヨナのために船の人がみな災いに遭《あ》うことになりました。私たちもこのことから警戒したいと思います。私たちの過失は伝道の妨害となります。また、私たちの中に罪を犯す者があれば、その人が罰を受けるばかりでなく、他の人にまで災いが及び、教会の進展のために大きな障害ともなります。「ひとりの罪人は多くの良いことを打ちこわす」(伝道九・一八)。

こうして、彼らはヨナをかかえて海に投げ込んだ。すると、海は激しい怒りをやめて静かになった。(一五節)

ヨナが人々のために生命《いのち》を捨てたことによって海が静かになりましたが、罪のない主イエスが罪人のために自らの生命《いのち》をお捨てになりました。ですから、私たちが神と和解することができないわけがありません。

人々は非常に主を恐れ、主にいけにえをささげ、誓願を立てた。(一六節)

ヨナの悔い改めと神の聖業とを見た船中の人々はみな、主を畏《おそ》れて悔い改めました。

しかしこのときヨナの心は、全く改まっていたわけではありません。とはいえ、人々を導いたのですから、私たちも心が全く潔《きよ》められていなくても、人々を導くことができます。しかし、そのことが神と共に歩んでいる証拠ではありません。このことを深く覚えていて、自らを戒めなければなりません。「その日には、大ぜいの者がわたしに言うでしょう。『主よ、主よ。私たちはあなたの名によって預言をし、あなたの名によって悪霊を追い出し、あなたの名によって奇蹟をたくさん行ったではありませんか』」(マタイ七・二二)とあります。

主は大きな魚を備えて、ヨナをのみこませた。ヨナは三日三晩、魚の腹の中にいた。(一七節)

ヨナはその罪の罰として、いま暗く危ない所と言える魚の腹の中に捕らわれ、苦しみの中にいました。けれども、二章でそこから救われました。だれでも罪を犯すならば、ヨナのように暗黒の経験を経なければなりません。

第二章

この祈りは詩篇から引用した言葉です。神は私たちに祈りの手本として詩篇を与えてくださいました。ヨナはつねづねこれを学んでいましたから、いま自分の境遇に当てはまる言葉で祈りました。主イエスは感謝の祈りの時にしばしば詩篇の言葉を用いて祈られました。十字架上でも、やはり詩篇二二篇や六九篇の言葉をお用いになりました。また、昔から多くの聖徒が詩篇の言葉で祈りました。

ヨナが引用した詩篇の言葉にはとても難しい所がありますが、しかしそれによってヨナの堕落していた有様をよく知ることができます。私たちも、神を離れてヨナのような境遇に陥るならば、この五節のような懺悔をしなければなりません。

言った。

「私が苦しみの中から主にお願いすると、
主は答えてくださいました。
私がよみの腹の中から叫ぶと、

あなたは私の声を聞いてくださいました。」(二節)

主イエスのご在世中にも多くの病人がいましたが、癒《いや》された者はそんなに多くはありませんでした。その人たちは信仰をもって願ったので、癒《いや》されたのです。だれでもヨナのように熱心に祈れば、主イエスは私たちの心の中にあるどんな苦しみや暗闇も全く取り除いてくださいます。「私の心が衰え果てるとき、私は地の果てから、あなたに呼ばわります。どうか、私の及びがたいほど高い岩の上に、私を導いてください」(詩篇六一・二)、「苦しみのうちに、私が主に呼ばわると、主は私に答えられた」(同一二〇・一)とありますが、これはヨナの経験でした。

あなたは私を海の真ん中の深みに
投げ込まれました。
潮の流れが私を囲み、
あなたの波と大波がみな、
私の上を越えて行きました。(三節)

ヨナはこの罰が神の憐《あわ》れみから出たものであることを知りました。彼の状態は、ちょうど詩篇五五篇五節および八節の有様でした。ヨナ書二章三節の終わりのほうは詩篇四二篇七節の言葉です。このときダビデはヨナよりももっとひどい状況にあったでしょうが、ヨナはこの言葉を用いました。これは懺悔《ざんげ》だけではありません。祈りをも含みます。ヨナは恐ろしい刑罰の中にありましたが、神にはここから救い出す力が必ずあることを信じて祈りました。

私たちにはこのような信仰があるでしょうか。心に暗黒と苦痛があるときに、神はこれを取り除かれると信じますか。悪い習慣の奴隷であるときに、神はこのことから救い出してくださると信じることができますか。

私は言った。
「私はあなたの目の前から追われました。
しかし、もう一度、私はあなたの聖なる宮を
仰ぎ見たいのです」と。(四節)

この初めの半分は、詩篇三一篇二二節の言葉です。「私はあわてて言いました。『私

はあなたの目の前から断たれたのだ』と。しかし、あなたは私の願いの声を聞かれました。私があなたに叫び求めたときに」と。

ヨナはまたソロモンの祈りをも覚えていました。このヨナの祈りの終わりの半分は、列王記第一、八章三三節、三四節の言葉から来ています。「また、あなたの民イスラエルが、あなたに罪を犯したために敵に打ち負かされたとき、彼らがあなたのもとに立ち返り、御名をほめたたえ、この宮で、あなたに祈り願ったなら、あなたご自身が天でこれを聞き、あなたの民イスラエルの罪を赦《ゆる》し、あなたが彼らの先祖たちにお与えになった地に、彼らを帰らせてください」です。私たちは神殿を望むことはありませんが、十字架を望むならば、すべての災いから救い出されます。

私は山々の根元まで下り、
地のかんぬきが、
いつまでも私の上にありました。
しかし、私の神、主よ。
あなたは私のいのちを
穴から引き上げてくださいました。(六節)

このところを見ると、ヨナはいまだ魚の腹の中にいて、祈りの答えを得ないで、そこから救われていないにもかかわらず、すでに答えを得て救われたもののように、祈りとともに感謝をささげていることがわかります。これは堅い信仰があったからです。マルコの福音書一一章二四節を見ると、「だからあなたがたに言うのです。祈って求めるものは何でも、すでに受けたと信じなさい。そうすれば、そのとおりになります」とあります。ヨナはそのようにいまだ救いを得ていないうちに、魚の腹の中から神は祈りを聴いてくださると信じて祈りました。そして、救いを得ました。

二節でもヨナは「主は答えてくださいました」、また「あなたは私の声を聞いてくださいました」と言っています。詩篇三四篇六節を見てください。「この悩む者が呼ばわったとき、主は聞かれた。こうして、主はすべての苦しみから彼を救われた」とあります。

私のたましいが私のうちに衰え果てたとき、
私は主を思い出しました。
私の祈りはあなたに、

あなたの聖なる宮に届きました。(七節)

このときヨナは詩篇一八篇六節を記憶していたでしょう。「私は苦しみの中に主を呼び求め、助けを求めてわが神に叫んだ。主はその宮で私の声を聞かれ、御前に助けを求めた私の叫びは、御耳に届いた」という御言葉です。私たちも、患難の時にも喜びの時にも、常に聖書の言葉を記憶しているならば、信仰がますます堅固なものとなります。

しかし、私は、感謝の声をあげて、
あなたにいけにえをささげ、
私の誓いを果たしましょう。
救いは主のものです。(九節)

ヨナは堅い信仰をもって、祈るとともに感謝をもささげました。私たちも祈りの時にすでに受けたと信じるときに、感謝するのは当然のことです。

そしてヨナは初めは主の命令に従いませんでしたが、今は救いを得たので、神の命令に従う決心ができ、直ちにニネベに行くことを約束しました。

主は、魚に命じ、ヨナを陸地に吐き出させた。（一〇節）

ヨナはこの時に祈りの答えを得ました。光と自由を得て、どれほど喜んだことでしょうか。どんなに感謝したことでしょうか。私は答えが得られないために祈ることをやめたり、また何を祈ったか忘れてしまうような場合もあったりします。けれども、答えを得るまで熱心に祈りたいと思います。そして恵みを得たら、すぐさまその喜びを人々に告げたいと思います。

第三章

再びヨナに次のような主のことばがあった。（一節）

一度堕落したヨナに神はもう一度伝道するようにとお語りになりました。彼は先に伝道するようにと言われたとき、これを辞退しましたが、神はなおも彼に恵みを与えて悔い改めに導き、その尊い使命をお与えになりました。これはちょうど、ペテロが三度主を知らないと言ったにもかかわらず、主はその罪を赦《ゆる》し、再び彼を立てて使徒とされたのと同じ憐《あわ》れみです。

「立って、あの大きな町ニネベに行き、わたしがあなたに告げることばを伝えよ。」（二節）

ヨナは大きな苦難に遭《あ》ったときに、悔い改めの祈りをささげ、また神と約束を結んだので、いま神はその約束をもって彼を試みられました。神はたびたびそういう試みをなさいます。私たちも苦難に遭《あ》う時、あるいは厳粛な集会の時に、神と契約を立てることがありますが、神は必ず試みを与えて、それが真実なものであるかどうかをお調べになります。もしもヨナの悔い改めが真実なものでなかったならば、彼はこの時ふたたび逃げたことでしょう。けれども彼の悔い改めが真実なものでしたから、直ちに立ってニネベへ赴きました。

神は伝道者に、伝道地を与えるだけでなく、語るべき言葉をも与えてくださいます。ですから私たちは、神がお遣わしになった所で、神が与える言葉を語らなければなりません。神のお遣わしになった所に行っても、神が命じられた御言葉を宣べ伝えないならば、そのことも神に逆らうことになります。けれども神の与えてくださった御言葉を伝えるならば、必ずすばらしい結果が生まれます。

ですから神はたびたびその使者に命令を与えてくださいます。「主の使いはバラムに言った。『この人たちといっしょに行け。だが、わたしがあなたに告げることばだけを告げよ』」（民数二二・三五）、「さあ、あなたは腰に帯を締め、立ち上がって、わたしがあなたに命じることをみな語れ。彼らの顔におびえるな。さもないと、わたしはあなたを彼らの面前で打ち砕く」（エレミヤ一・一七）、「彼らは反逆の家だから、彼らが聞いても、聞かなくても、あなたはわたしのことばを彼らに語れ」（エゼキエル二・七）、「人の子よ。わたしはあなたをイスラエルの家の見張り人とした。あなたは、わたしの口からことばを聞くとき、わたしに代わって彼らに警告を与えよ」（同三一・一七）と。

神の御言葉を聴き、神に代わってこれを宣べ伝えるのは、私たちの職務です。罪人は直接に神の御声を聴くことができませんから、それを聴くことのできる私たちが、いつも神の口より出る御言葉、すなわち神から聴いたことを宣べなければなりません。私たちは実際にそうしているでしょうか。自ら省みなければなりません。

ヨナは、主のことばのとおりに、立ってニネベに行った。ニネベは、行き巡るのに三日かかるほどの非常に大きな町であった。(三節)

ヨナはニネベで大きな迫害に遭《あ》うかもしれないと恐れたでしょうか。神の命令ですから、やむを得ず立って行きました。彼には真の伝道者の精神はありませんが、神の命令に従う決心はしていました。その決心は良いものです。人々に向かっての決心も悪くありませんが、それは完全なものではありません。なぜなら、愛の精神からあふれ出たものではなく、努力をして行ったことだからです。

今日、ヨナのような伝道者が多くないでしょうか。パウロのように愛に満たされた伝道者が実に少ないのです。コリント人への手紙第一、九章一六～一七節を見てください。「というのは、私が福音を宣べ伝えても、それは私の誇りにはなりません。そのことは、私がどうしても、しなければならないことだからです。もし福音を宣べ伝えなかったなら、私はわざわいだ。もし私がこれを自発的にしているのなら、報いがありましょう。しかし、強いられたにしても、私には務めがゆだねられているのです」とあります。これはヨナの精神のようですが、一六節の言葉に注意してください。

「もし福音を宣べ伝えなかったなら、私はわざわいだ」とあるのです。パウロはこのことを深く感じていました。神のご命令はすべての人々に福音を宣べ伝えることです。コリント人への手紙第二、五章一四節には、パウロの真の精神がよく表れています。「キリストの愛が私たちを取り囲んでいるからです。私たちはこう考えました。ひとりの人がすべての人のために死んだ以上、すべての人が死んだのです。」

彼はキリストの愛に励まされて熱心に伝道をしたのです。


ヨナはその町に入って、まず一日目の道のりを歩き回って叫び、「もう四十日すると、ニネベは滅ぼされる」と言った。(四節)

ヨナはニネベに行って、ただ神の審判だけを伝えました。バプテスマのヨハネも、主イエスも、弟子たちも、同じように神のさばきを宣べ伝えました。それで私たちも、神を知らない人に対して神のさばきがあることを宣べ伝えなければなりません。ヨナは四十日の後、その町が滅ぼされることを感じて恐れましたが、皆さんの伝道の場はいかがですか。

「しかし、パリサイ人やサドカイ人が大ぜいバプテスマを受けに来るのを見たとき、ヨハネは彼らに言った。『まむしのすえたち。だれが必ず来る御怒りをのがれるように教えたのか』」（マタイ三・七）。

「こういうわけで、私たちは、主を恐れることを知っているので、人々を説得しようとするのです」（Ⅱコリント五・一一）。

私たちも自ら神が畏《おそ》れるべき方であることを知り、これを他の人にも告げなければなりません。

「神の御前で、また、生きている人と死んだ人とをさばかれるキリスト・イエスの御前で、その現れとその御国を思って、私はおごそかに命じます。みことばを宣べ伝えなさい。時が良くても悪くてもしっかりやりなさい。寛容を尽くし、絶えず教えながら、責め、戒め、また勧めなさい」（Ⅱテモテ四・一〜二）。

これは皆さんに対する神の命令です。

ルカの福音書一一章三〇節を見てください。「ヨナがニネベの人々のために、しるしとなったように……」とあります。また、同じ三二節に、「ニネベの人々はヨナの説教で悔い改めたからです」とあります。ヨナはニネベの人々にしるしとなったので、彼らはヨナの説教によって悔い改めました。私たちもヨナのような神の証人とならなければなりません。だれでも伝道者を見れば、その伝道者が神の力によってよみがえったこと、ヨナのように不思議な救いの力を経験していることを、悟るようでなければなりません。だれでも私たちを見て、これを感じるならば、私たちには罪人を導く力があります。

神はたびたび、罪に陥った者のために伝道者を送って福音を宣べ伝えさせますが、罪人はこれを聞かないで滅亡に向かって進みました。昔、ノアをお遣わしになりましたが、当時の人々はみな滅ぼされ、またロトがソドムに遣わされましたが、その町の民もみな滅ぼされました。神は今ニネベにヨナをお遣わしになりました。神は大きな恵みをもってこの滅ぼされるべき町に福音の使者を送られました。神がヨナを送らないで、初めからニネベを滅ぼしたとしても、決して不公平ということはありません。けれども愛に富む神は、どうにかして罪人を救おうとの御旨から、滅亡の日に先立って福音の使者を送られました。

そこで、ニネベの人々は神を信じ、断食を呼びかけ、身分の高い者から低い者まで荒布を着た。

このことがニネベの王の耳に入ると、彼は王座から立って、王服を脱ぎ、荒布をまとい、灰の中にすわった。王と大臣たちの命令によって、次のような布告がニネベに出された。「人も、獣も、牛も、羊もみな、何も味わってはならない。草をはんだり、水を飲んだりしてはならない。人も、家畜も、荒布を身にまとい、ひたすら神にお願いし、おのおの悪の道と、暴虐な行いから立ち返れ。」(五〜八節)

このときニネベの人たちが、ヨナが熱心な伝道者であると思い、その説教によって悔い改めたということを見ると、ヨナの働きが非常に大きなものであったと思います。けれども彼には真の熱心さがありませんでした。ただ神に命じられて、強いられて、やむを得ずニネベに行ったのであって、神を愛する愛があるわけではありませんでした。けれども、人間の眼には非常に熱心に見えました。私たちは人間がいかに熱心であると見ても、自ら深く省み、はたして燃え立つほどの熱心があって神を愛しているのか、あるいはただ義務的に働く偽りの熱心さであるかを、よく調べてみなければなりません。

ヨナはこのとき、神から聞いた言葉だけを宣べ伝えましたから、ニネベの人たちは神の審判についてよく理解しました。さばきは罪の結果であり、救いを受けるためには悔い改めが必要であることを知りました。ヨナはさばきだけを伝えたのに、ニネベの人たちが悔い改めて救いを得なければならないことを悟ったのは、ヨナと共に働く聖霊がこのことを教えてくださったからです。私たちも、神学や聖書の教理を教えなくても、ただ神の命じられた言葉だけを伝えれば、聖霊は必ず必要な教えを悟らせてくださいます。ニネベの人たちは神のさばきを聞くや否や断食をし、荒布を着、ひたすら神に祈りました。今まで偶像を信じていたニネベの人たちは初めて真の神を呼び、それぞれ罪を悔い改めようと決心しました。私たちは、自分で人を教えようと骨を折るよりも、聖霊とともに働くことが肝要です。聖霊と共に働かないならば、どんなに熱心に働き、どれほど教え導いても、何の成功もありません。

「もしかすると、神が思い直してあわれみ、その燃える怒りをおさめ、私たちは滅びないですむかもしれない。」

神は、彼らが悪の道から立ち返るために努力していることをご覧になった。それで、神は彼らに下すと言っておられたわざわいを思い直し、そうされなかった。（九〜一〇節）

ニネベの町の人々は救われました。エレミヤ書一八章七節、八節を見てください。

「わたしが、一つの国、一つの王国について、引き抜き、引き倒し、滅ぼすと語ったその時、もし、わたしがわざわいを予告したその民が、悔い改めるなら、わたしは、下そうと思っていたわざわいを思い直す」とあります。このように、いま多くの人々が悔い改めたため、神は災いを下すことをやめて彼らを救われました。そのために町中の人々はどんなに喜んだでしょうか。「使徒の働き」の八章にあるサマリヤのリバイバルの時に大きな喜びがあったように、ニネべの人たちも非常に喜んで、ひと所に集まって、感謝したことでしょう。一人の罪のある者が悔い改めるならば、天において大きな喜びがあるということですから、何十万の人々が一時に悔い改めたのですから、天においてもどれほどの歓喜があったことでしょう。

第四章

ところが、このことはヨナを非常に不愉快にさせた。(一節)

神の預言者であるヨナは、このように天にも地にも大きな歓喜がある時に、ひとり喜ばないだけでなく、かえって激しく怒りました。彼には、神と共に喜び、また人と共に喜ぶ同情の心がありませんでした。私たちの伝道においても、神と同じ心を持つことは第一の務めです。

主は仰せられた。「あなたは当然のことのように怒るのか。」（四節）

神は同じ心を持たないヨナを怒らないで、かえって愛をもってその曲がった心を直そうとされました。ああ、神は実に寛容で愛に満ちたお方ではありませんか。

ヨナは町から出て、町の東のほうにすわり、そこに自分で仮小屋を作り、町の中で何が起こるかを見きわめようと、その陰の下にすわっていた。神である主は一本のとうごまを備え、それをヨナの上をおおうように生えさせ、彼の頭の上の陰として、ヨナの不きげんを直そうとされた。ヨナはこのとうごまを非常に喜んだ。（五〜六節）

神はヨナの頭のために陰を設けて、その不機嫌を直そうと、とうごまで彼を覆おうとされました。ヨナの身体に恵みを与え、どうにかして彼を引き戻そうとされたのです。列王記第一、一九章六節を見ると、エリヤが同じような状況に陥っていたときに、神は同じように恵みをもって彼を取り扱われたことを見ます。

ヨナはとうごまの木を喜びました。彼の心がよくわかります。幾十万の人々が救われたのを喜ばなかった彼は、自分を覆ってくれるわずかばかりのものを喜びました。私たちは何を喜んでいるでしょうか。全世界よりも貴い価値のある魂が救われることを喜ぶべきです。価値のない現世のものを喜んでいないでしょうか。

しかし、神は、翌日の夜明けに、一匹の虫を備えられた。虫がそのとうごまをかんだので、とうごまは枯れた。太陽が上ったとき、神は焼けつくような東風を備えられた。太陽がヨナの頭に照りつけたので、彼は衰え果て、自分の死を願って言った。「私は生きているより死んだほうがましだ。」（七〜八節）

ヘブル人への手紙一二章一〇節にあるように、神は苦難をヨナに与え、これを懲らしめられました。「なぜなら、肉の父親は、短い期間、自分が良いと思うままに私たちを懲らしめるのですが、霊の父は、私たちの益のため、私たちをご自分の聖《きよ》さにあずからせようとして、懲らしめるのです」とあるとおりです。神はヨナを見捨てず、なお深く愛されました。

すると、神はヨナに仰せられた。「このとうごまのために、あなたは当然のことのように怒るのか。」ヨナは言った。「私が死ぬほど怒るのは当然のことです。」主は仰せられた。「あなたは、自分で骨折らず、育てもせず、一夜で生え、一夜で滅びたこのとうごまを惜しんでいる。まして、わたしは、この大きな町ニネベを惜しまないでいられようか。そこには、右も左もわきまえない十二万以上の人間と、数多くの家畜とがいるではないか。」（九～一一節）

神は愛をもってヨナを目覚めさせました。右も左もわきまえない人々や家畜を憐《あわ》れまれたことを彼に示して、彼の心を覚まそうとなさいました。私たちが悲しむことは何でしょうか。とうごまが枯れたことではないでしょうか。あるいは、多くの人々が滅亡に至ることを悲しんでいるでしょうか。今や私たちの周囲のたくさんの人々が日々永遠の滅亡に向かって進んで行っています。真に悲しむべき状況です。けれども、私たちはこれらの人々のために悲しまず、わずかばかりの肉体の楽しみを失って悲しんでいることはないでしょうか。

神はヨナの心を矯正したように、私たちの心を矯正するために聖霊の恵みを与えてくださいます。私たちがこの賜物を受けるならば、パウロのような心をもって伝道する者となり、自分の思考や名誉を慕う思いを捨て、この一身をささげて神に仕え、神と同じ思いをもって働き、滅びる魂が救われるために熱心を尽くすようになります。

エジプトのヨセフ

創世記の四五章一節をお開きください。

ヨセフは、そばに立っているすべての人の前で、自分を制することができなくなって、「みなを、私のところから出しなさい」と叫んだ。ヨセフが兄弟たちに自分のことを明かしたとき、彼のそばに立っている者はだれもいなかった。

今晩、同じように主は私たちにご自身を現そうとしておられます。主は初めから手を伸ばして、「わたしはここにいます」と言って、ご自身を現したいと思っておられます。ただ私たちは不信仰のために、心が鈍いために、主の栄光を見ることができないため、主がご自身をお現しにならなければなりません。

ヨセフは初めに、兄弟の状況がわかりませんから、彼らを試すために、自らを現すことができずに、荒々しく語りました。けれども、愛の眼をもって兄弟を見、愛の耳をもってその声を聞いていたので、忍ぶことができなくなり、彼らのところから離れて、泣き、また彼らのところへ戻って来て、語り、やがてシメオンをとって、彼らの目の前で彼を縛りました（同四二・二四）。これは兄弟たちを悔い改めさせ、その心を砕き、恵みを与えるためでした。そして自らは部屋に帰って、ひそかに泣きました。その時にヨセフの心を知ったならば、その愛の心の深さを悟ることができたでしょう。やがて彼は自ら耐えられなくなり、ついに自らを現すことになります。

こんなにも自分の兄弟たちを愛している人が、かつて彼らからどのような扱いを受けたでしょうか。ヨセフには十人の兄がいましたが、その十人から家を追い出されてしまいました。十人に憎まれ軽蔑《けいべつ》され、十人のために大きな苦しみを受けることになりました。そのために愛する父から離れなければなりませんでした。そして遠い国へ引いて行かれ、奴隷とならなければなりませんでした。元はカナンの地の族長の息子で、安らかに楽しく暮らしていました。けれども突然エジプトの奴隷となったのです。それればかりでなく、さらに降《くだ》って牢屋《ろうや》にも入れられました。牢屋に入れられた罪人に仕える奴隷となりました。最も卑しい身分で、最も苦しい目に遭《あ》ったのです。

そのとき兄たちは、弟のヨセフが自分たちのためにそれほどの苦しみを受けていることを知りません。ただヨセフが奴隷であることだけは知っていました。けれども毎日の苦しみ、何よりもひどい苦しみを少しも感じませんでした。ほとんどヨセフのことを忘れていたようでした。ただ自分のことだけを思って生活していました。

兄弟姉妹よ。これはだれのことでしょうか。私たちにも、ヨセフのような人がいます。主イエスは私たちのヨセフです。私たちはこの方を軽蔑《けいべつ》しました。追い出していました。苦しい目に遭《あ》わせました。死に渡しました。これはただユダヤ人の罪だけではありません。ただローマ人の槍だけが主の脇腹を刺したのではありません。まことに私たちの罪が刺したのです。

兄弟姉妹よ。自らを省みてください。私たちは神を追い出したことはないでしょうか。喜んで神を捨てたということはないでしょうか。自分が主となったことはないでしょうか。進んで神の愛を拒み、喜んで自分の肉欲に従い、生活したことはないでしょうか。神を軽蔑《けいべつ》し、ただ自分を高くし、喜んで神を苦しめたことはないでしょうか。

兄弟姉妹よ。主イエスの苦しみを見てください。主イエスが苦しみをお受けになったのは私たちのためでした。ヨセフは、兄たちから受ける苦しみを避けることができませんでした。逃れる力がありませんでした。けれども主イエスは、自ら進んで私たちのために、私たちを救うために、苦しみを忍ばれました。ゲッセマネに伏した主を見てください。

私たちはわがままで高慢な生涯を送り、肉欲に従っていました。栄光の主はなぜこの言葉では言い表せない苦痛からご自分をお救いにならなかったのでしょうか。天の御使いはなぜ降りて来て、その主人を救わなかったのでしょうか。なぜでしょうか。主がもしもご自分を救ったならば、私たちを救うことができなくなるからです。

私たちは昔、主イエスを売りました。主イエスをエジプトの奴隷にしました。けれどもほとんどそれを忘れています。ヨセフの兄たちのように、あまりそのことに気をかけません。主の苦しみを悟りません。自分の罪の結果であるにもかかわらず、主の苦しみを少しも考えません。ただ自分のためだけに生き、自分のことのみを行っています。兄弟姉妹よ、そうではありませんか。主の苦しみを少しも思わないで、カナンの地にあって自分のためにだけ生きていたのではないでしょうか。

ヨセフは十三年も苦しみを受けました。そこから栄光と権力を受けました。パロに近い地位まで上げられました。兄たちはその苦しみを悟りませんし、またその栄光もわかりませんでした。私たちもそれと同じではないでしょうか。私たちは主の苦しみを悟ることができなかったでしょう。主の栄光はどうでしょうか。主は昇天なさった主です。天の中、地の上のすべての権威をお持ちの王の王です。万物を統べ治められる主です。万物の生命《いのち》の源、万物の王の王です。私たちはその栄光を見たでしょうか。

私たちは幾分かは主の苦しみを悟ったと思います。けれども主の栄光はどうでしょうか。すでに天の位に上られた主の力、主の燃える愛、主の潔《きよ》めの力がわかったでしょうか。いかがですか。

この兄たちは、ヨセフの栄光を悟りませんでした。ヨセフの苦しいエジプトの地での奴隷としての苦しみが幾分かはわかったかもしれません。けれどもその栄光を悟りませんでした。

カナンの地にたびたび飢饉《ききん》があり、エジプトの主人のもとに行かなければならなくなりました。そして、エジプトに行くたびごとにあふれるほどの恵みを受けました(創世四四・一)。けれども、カナンに帰れば、その恵まれたものをどんどん費やしてしまいます。それで、またエジプトへ行って大きな恵みを受け、そして自分の地に帰ってその恵みを費やします。

私たちはどうでしょうか。同じ道を歩んではいませんか。私たちは心の飢饉のためにたびたびヨセフである主のもとに行き、神の恵みをいただきました。この場所で神は私たちに負えるだけの恵みを与えてくださったのではありませんか。けれども、それからどうだったでしょうか。たびたびその恵みを失ってしまいました。次第にいただいた恵みを費やしてしまいました。なぜそうなるのでしょうか。それは、私たちのヨセフである主が私たちの兄であることを知らないからです。私たちの兄の栄光を知らないからです。カナンの地を捨てて兄のもとに、ヨセフである主のもとに、住みかを作らないからです。

たびたび進んで主の恵みを求め、あふれるほどいただきましたが、再び主を離れて自分に帰り、受けた恵みをすべて費やしてしまいます。また主のもとで恵みを受け、そして費やしてしまいます。私たちはそのように生き、時に恵みに満ちあふれ、時にそれを失い、またある時は感謝の念に満ちあふれ、ある時は嘆き悲しみます。これはキリスト信者の平安な生涯ではありません。私たちは主イエスのもとに住むならば、いつでもあふれるほどの恵みを受けることができます。ときおり自分を離れて主のもとに行き、また帰り、また行くというような歩みではなく、常に主イエスのもとに住むならば、いつでもあふれる恵みがそこにあります。私たちがそのような生涯を送ることは主イエスの願われるところです。

主イエスは私たちと共にいることを喜ばれます。主が私たちと共にいて、ある時は伝道に共に行き、ある時は家の中にいっしょにいてくださるならば、私たちはまことに幸いです。けれどもなお幸いな道があります。それは何でしょうか。主のもとへ、すなわち天に挙げられることです。地上で生涯を送りながら天国にいることです。主のもとにいることです。主イエスが私たちの乏しい時にいてくださるならば幸いです。けれども、ご自分のおられるところに私たちを挙げてくださるならば最も幸いです。

「しかし、あわれみ豊かな神は、私たちを愛してくださったその大きな愛のゆえに、罪過の中に死んでいたこの私たちをキリストとともに生かし、――あなたがたが救われたのは、ただ恵みによるのです――キリスト・イエスにおいて、ともによみがえらせ、ともに天の所にすわらせてくださいました」（エペソ二・四〜六）とあります。神は私たちをこのように主の所に座らせてくださいました。それは、絶えずあふれるほどの恵みを受ける秘訣です。地上にいて、絶えず天国にいる生涯です。

主はまことの人となって世に降られました。人間の潔《きよ》い欲求をもたれました。人間と共に、汚れた世の中に生涯を送られました。主はいつも、卑しい飢饉《ききん》のカナン（この世）で生き、豊かなエジプトすなわち天国で暮らしておられました。兄弟姉妹よ。神は皆さんの思いを超える恵みを与えてくださいます。神は皆さんに栄光を現したいと願っておられます。またその栄光を分け与えたいと願っておられます。

「ヨセフは、そばに立っているすべての人の前で、自分を制することができなくなって……」（一節）。

私たちのヨセフである主は、今晩このような思いを持っておられます。私たちと主との間に何か隔てがないでしょうか。何か覆いのようなものはないでしょうか。主イエスはそれを忍ぶことがおできになりません。親しい交わりをしたいと願っておられます。少しの隔てもなく、主のみこころと私たちの心とを合わせ、主の御顔と私たちの顔とを合わせ、交わりを得たいと思います。主はこれを得なければ、満足することができません。愛する者と離れていることに耐えられないのです。あなたを慕い求めておられます。このことによって主の愛がわからないでしょうか。それで今晩、ご自分を示したいと願っておられます。

あの二人の弟子がエマオに向かっていたとき、主が近づいて来られました。けれども二人はそれを悟ることができませんでした。ただ、主の生命《いのち》の言葉を聞き、喜びがあふれ、心が燃えました。主と共に歩くときに、楽しみを得ました。そのため、そのような人と離れたくなかったのです。ぜひ共に宿に泊まることを願いました。そして共に食卓についたときに、やっと二人は主を知るようになりました（ルカ二四・三一）。

今、ヨセフは自らをそのように現します。今晩、主イエスは私たちの眼を開き、新しい栄光を示したいと願っておられます。新しい権能、思いやりの心、潔《きよ》めの力、救いの力を示したいと思っておられます。どうぞ眼をお開きなさい。主を仰ぎなさい。

ヨセフは「私はあなたがたがエジプトに売った弟のヨセフです」（創世四五・四）と

言いました。輝くエジプトの首相は「あなたがたの弟、あなたがたの小さな兄弟、あなたを愛するヨセフです」と言いました。皆さんは実に栄光ある身分です。私たちは栄光の主の兄弟姉妹です。神の御座に座ることができます。神の栄光と権威、また御愛を理解することができます。いと高きご主人は私たちの兄です。これを悟ることができますか。「あなたの弟です」、「あなたの兄弟です」。このことを深く味わいたいと思います。輝く栄えある王は私たちの兄弟です。

親しい関係のある者です。何よりも親しい関係のある者です。同じ一家族の者です。肉と血を分けた私たちの兄弟です。ヨセフはこれを証ししたときに、兄たちは最初当惑しました。けれども罪の赦《ゆる》しを得て、親しく交わることができました。

兄弟姉妹よ。昇天された主イエスの弟であることを悟りなさい。主はあなたのために苦しみをお受けになりました。兄たちは初めにそれを感じなかったのです。エジプトの首相は彼らのために苦しみ、彼らの罪のため、奴隷の奴隷、最も卑しい奴隷として、最もひどい苦しみを受けましたが、そのことは少しも心に感じませんでした。それでも、この時までも彼らを愛し、その罪のために彼らを捨てず、愛の言葉をもって罪の赦しを与えました。

兄弟姉妹よ。私たちのヨセフは同じように今晩、親しい愛の交わりを求めておられます。ご自分を現されます。私たちのために苦しみを受けましたが、今に至るまで私たちを愛しておられます。今までに行った罪を赦し、これを隔てとせず、私たちを罪のない者のようにあしらわれます。私たちのヨセフは、主の主、「全家の主」（八節）です。私たちはこのように主と親しく交わることができます。いつでも「全家の主」と親しい交わりを持つことができます。

兄たちに自分の栄光を示すことができたのは、ヨセフにとっては何よりも嬉しいことでした。けれども、それで満足しませんでした。自分の栄光を兄たちに分け与えたいと思いました。自分と同じ栄光を兄たちにも持ってもらいたいと思いました。それで、兄たちがカナンに帰らずにエジプトに住むことを願いました。

私たちは、彼らがヨセフに会い、穀物を持ってカナンの地に帰ったように、ただ幾分かの主の栄光を見て満足し、ただちに自分に帰っていないでしょうか。しかし、主イエスはそれに満足なさいません。私たちをご自分のいる天の所に座らせたいと願っておられます。

ご自分の栄光を分け与えて、親しい交わりに入ることを願った主は、昇天したときに、天国の「全家の主」となられました。神である栄光を受けられました。地の最も卑しい所から、天の最も高い栄光をお受けになりました。それでも、地上に残してきた者たちを忘れないで、その栄光を分け与えられます。いま主は私たちにその同じ天国を与えることがおできになりません。けれども、聖霊によって私たちの心の中に天国を与えてくださいます。活ける聖霊を分けてくださいます。ご自分はすでに患難から離れて、今は休息と栄光をお受けになっています。しかし患難の中にあるご自分の教会を忘れず、私たちに天国の一部を与えたいと願っておられます。栄光を受けた主を見てください。主を仰ぎなさい。

「私はあなたがたにエジプトの最良の地を与え、地の最も良い物を食べさせる」（一八節）。

「エジプト全土の最良の物は、あなたがたのものだから」（二〇節）。

主は最も良いものを私たちに与えたいと願っておられます。放蕩息子は自分の家に帰ったとき、彼の父は最も良いものを与えました（ルカ一五章）。これが愛というものです。主イエスは、ご自分が天国の位に座ったならば、ご自分の愛する者たちをも座らせたいと思っておられます。ですから私たちは天国の食べ物を食することができます。「エジプト全土の最良の物は、あなたがたのものだから」と主は言われます（詩篇三六・八、Ⅰコリント三・二一）。

弟は栄光を受け、あなたにそれを分け与えようとします。今まではヨセフの兄たちは卑しい商人でしたが、今はエジプトの首相である弟の栄光を受けました。私たちも、主と共にこの位にあずかることができます。私たちは天国の貴族、天国の君です。天国の王の栄光にあずかることができます。位も、力も、権威も、喜びも、みな私たちのものです。実に幸いなことではありませんか。

兄弟姉妹よ。ただ信じなさい。ただ信じなさい。神は私たちにこのすばらしい輝く栄えを示してくださいます。ただ信じなさい。カナンから来て、主のもとに通うというようなことをせずに、絶えず天国にいるように、天国に座っているように暮らしなさい。

「主は、弱い者をちりから起こし、貧しい人を、あくたから引き上げ、高貴な者とともに、すわらせ、彼らに栄光の位を継がせます。まことに、地の柱は主のもの、その上に主は世界を据えられました」(Ⅰサムエル二・八)。

これは私たちを指す言葉です。実にハレルヤです。

兄弟姉妹よ。寂しい所に帰っても天国があるはずです。想像の天国ではありません。頭の中だけの天国ではありません。実在する天国です。主と共にその天国に座ることができます。

兄弟姉妹よ。そのときヨセフの兄たちはどうすべきだったでしょうか。カナンの地を捨てて、ヨセフのもとに行くことでした。カナンは二年間の飢饉《ききん》でした。また後の五年間の飢饉で、次第に乏しくなっていきました。私たちは、「自分」という心を持つならば、乏しくなり、飢饉のある国となります。けれども、これを捨てて主を受け入れるならば、輝く主イエスを受け入れるならば、いつでも主の栄光にあずかって、いつでも養われます。兄弟姉妹よ。今晩、自分を捨てて、昇天された私たちの主を受け入れなさい。

B・F・バックストン年譜

一八六〇・八・一六	英国レイトンストーンに生まれる。
一八六九	バックストン邸（現オールネイションズ・クリスチャンカレッジ）ハートフォードシャイヤー・イースニーに完成。
一八七四	ハロー校に入学。
一八七九・一〇	ケンブリッジ大学トリニティカレッジ入学。
一八八二・一一	ケンブリッジにおけるムーディーの集会で新生を経験。
	のち、聖霊の満たしにあずかる。
一八八三・六	ウェブ・ペプロー牧師のもとで信徒奉仕者となる。
・七	ケズィック聖会で献身。
一八八五・五	英国国教会司祭に任職、聖パウロ教会副牧師となる。
一八八六・六	マーガレット・レイルトンと結婚。
一八八七	スタンウィックに赴任。
一八九〇・一〇・一	一行九名とともにイースニー出発、日本へ。
・一一・二四	日本到着。

一八九一・四	松江伝道開始。
一八九二	六〇名収容の会堂を建設、赤山住宅（聖書塾）完成。
一八九三	神戸にハドソン・テーラーを招いて、修養会を開く。
一八九七・九	パゼット・ウィルクス来日。
一九〇〇	義和団暴動時、上海にて中国奥地宣教会聖会で奉仕。
一九〇二	バックストン家離日。
一九〇三	英国で日本伝道隊設立。
一九〇五	神戸で日本伝道隊本格的に伝道を開始。
	総理バックストン、以後数回来日、現地主幹ウィルクス。
一九〇七	日本伝道隊「神戸聖書学校」設立（神戸・平野）
一九〇八・一	父トーマス・F・バックストン召天。
一九一三	次男アルフレッド、アフリカ伝道へ（C・T・スタッドと）
・一一	長男マーレーとともに来日。四年間、神戸に定住。
一九一五・六	神戸の歓楽街新開地に新たに神戸キリスト教湊川伝道館完成。
一九一七	長男マーレー、負傷。
・七	三男ジョージ、戦死。
	四男ゴッドフレー、負傷。

一九二一	タンブリッジウェルズの聖三一教会牧師に就任。
一九二四	日本伝道隊「聖書学舎」（現・関西聖書神学校）設立。
一九三六	ウィンブルドンに転居。
	ゴッドフレーの宣教師養成学校で教える。
一九三七・五―一一	最後の訪日。
一九四〇・一〇	マーレー、アルフレッド、ロンドンにて爆死（殉職）。
一九四六・二・五	召天。「豊かな生命の中へ輝かしく入る」（ゴッドフレー記）。

解説――赤山塾とバックストンの説教

『赤山講話』初版の発行年月日は、一九〇一年（明治三十四年）十二月二十一日、発行者はジョージ・ブレスウェートで、発行所は基督教書類会社となっている。ジョージ・ブレスウェートは、当時「東京市赤坂區氷川町五番地」に居を定め、一九〇三年（明治三十六年）、B・F・バックストン、P・ウィルクスらによる日本伝道隊設立時には、評議員の一人であった。バックストンが英国聖公会宣教団体C・M・S（Church Missionary Society）に所属する独立自給宣教師として初めて日本の土を踏んだのは、一八九〇年（明治二十三年）十一月二十四日のことであった。

バックストン一行の松江における伝道は一八九一年（明治二十四年）四月であるから、『赤山講話』が出版された一九〇一年は、「松江バンド」の果敢な伝道活動の成熟期と言える。当時松江の人口は五万人ほどと言われていた。松江赴任直後から劇場でも積極的に伝道会が行われ、七〇〇名もの聴衆が集められた。一八九二年（明治二十五年）末ごろには、早くも松江、米子地方に七つの教会が設立された。回心者たちは、救いの全幅的な恵みに導かれ、宣教へと派遣されていった。松江を中心に働きは前進、伝道所が各地に置かれ、米子は前進運動の基地となった。一九〇〇年（明治三十三年）までには、松江の教会だけで三一〇人の受洗会員、その他付近一帯に新しい教会が起こされている。

赤山塾と『赤山講話』

松江の赤山に住宅が完成したのは、一八九三年（明治二十六年）四月であった。赤山の丘は松江市街の背後にあり、宍道湖を見下ろし、前方に中国山脈の山々、左手には山陰の名山大山を仰ぐ景勝の地であった。

バックストンが初めて日本語で説教したのは一八九二年（明治二十五年）に入ってからであったが、以後、日本語を用いて説教や聖書講義を行っている。

赤山においては毎年、春と秋に聖会が開かれ、また教職者を中心に聖書講義がなされてきた。当時出版された『ヨハネ伝講義』『レビ記講義』『創造と堕落』はすべて堀内文一の筆記によるものである。その序を見ると、『ヨハネ伝講義』には、「本書は故ビ・エフ・バックストン師が、明治三十年四月から三十一年六月まで毎週二回松江赤山聖書研究会に於てされた講義の筆記である」、『レビ記講義』には、「この書はバックストン師が明治三十三年三月より同三十四年七月迄に松江赤山の聖書研究会に於いてなされた講義を筆記したものです」、『創造と堕落』には、「この書はバックストン師が明治三十四年十月より同年十二月までの三ヶ月間、日本に於ける最後の聖書研究として松江赤山の邸内で講義せられしものの筆記であります」と記されている。

本書『赤山講話』の底本となった第四版は、一九五四年（昭和二十九年）六月二十日、バックストン記念霊交会から発行されている。その「第四版発行に際して」、発行者の落田健二は次のように記している。「『赤山講話』とはバックストン師が日本に到着された翌年雲州松江の赤山に居を定め、此処で信徒教職を集めてなされた講話の一部を集録しこれを『赤山講話』と題したのである。恐らく、日本の基督教界に於いて説教集として現在も尚拡く愛読されているものでは本書が最古のものでなかろうか。」ただ、『赤山講話』の初版から第四版に至るまで、序にも奥付にも筆記者の名前は記されていない。

バックストン記念霊交会発行による『バックストン先生のおもいで』一六号（一九七六年十月）によれば、『霊の糧』は日本伝道隊の御牧碩太郎によって、一九一一年（明治四十四年）八月の創刊号から一九一九年（大正八）年までに心霊的雑誌として発行されてきた。ところが、それより十年ほど早く、『霊の糧』としての心霊的機関誌が一九〇〇年（明治三十三年）一月からウィルクスが発行人、三谷種吉が編集人となり、発行されていた。その「霊の糧発行の主意及び目的」には次のように記されている。

「近ごろまで松江において、赤山講話と名づくる雑誌を不規則に発行して、バックストン氏及び其他の教師の講ぜられし聖潔に関する講話を掲載し来たりしが、今や日本にも純粋の心霊的書類を要求する者大いに増加せしことを信ずれば、これまで不規則に発行し来たりし雑誌を廃して、さらにおよそ五十頁ほどの雑誌を発行することとせり。本誌に掲載するところの論説記事は、ことごとく心霊的にして、キリスト教教義に関する理論的解釈はなるべくこれを避け、また聖書の批評的論説はいかなるものたりとも一切掲載せず、本誌掲載の記事の目的は、左の五問題、すなわち救い、聖潔、主の再臨、神癒《しんゆ》、及び信徒の生涯に関する雑録などにして、記事は記者のものせし論説、講話筆記、英米の書類及び新聞雑誌などより翻訳せしもの、その他内外信徒のあかし等なり。吾人は信仰と待望とをもって、本誌を発行せんとす。」

この『霊の糧』創刊号の巻頭にバックストンの説教が「赤山講話」として「聖潔」（マルコ五・二四～三四）が掲載され、堀内文一の筆記によると記されている。

赤山塾への参集と来訪者たち

松江には全国から多数の修養生が参集した。赤山塾は弟子たちの養成所となった。参集組の一つは同志社からのものであった。バックストンは、同志社の教授シドニー・ギューリックらと親交があった。同志社には一八八五年リバイバルが起こったが、その後、新神学により大きな打撃を受けていた。

竹田俊造『燃える棘』（いのちのことば社）の「竹田俊造小伝」や「自叙年譜」（『バックストン先生のおもいで』一八号、一九七七年十月）によれば、竹田が京都同志社の普通校文学部を一八九四年（明治二十七年）に卒業し、同年九月神学部に入学、同志社女学校で数学を教え、学費を償っていたころ、「明治二十九年（一八九六年）春、バックストン師松江より来り、数日の講演に列し、翻然悟識する所あり退校、七月、出雲松江に赴き、赤山聖舎の聖書講究の群に投ず。笹尾、秋山、金谷等既に在り」とある。同志社出身の竹田の朋友堀内文一もまた松江に向かった。さらに、同じ同志社の三谷種吉も一八九七年（明治三十年）、バックストンの群れに加わることになった。『日本聖公会松江基督教会百年史』によれば、これより先、同じく同志社で学んだ藤本寿作も助教師として教職者のグループに加わっている。

竹田の自叙年譜で触れられているように、竹田らが同志社から「赤山聖舎」に参加する以前、笹尾鐵三郎、秋山由五郎、御牧碩太郎（旧姓金谷）らはすでに赤山に在住していた。『笹尾鐵三郎全集』第五巻の「笹尾鐵三郎伝」によれば、一八九六年（明治二十九年）春、京都嵐山聖会後笹尾らはバックストンのもとに向かっている。笹尾、秋山、河邊貞吉、松野菊太郎、木田文治らは米国太平洋岸日本人教会のリバイバルの中で入信し、献身して帰国した。帰国後、笹尾、河邊、松野らは御牧、土肥修平らとともに信仰と祈りのグループ「小さき群」を起こし、果敢に伝道した。しかし、後に神学、信仰、実践伝道方針に於いて行き詰り、バックストンの招きで松江に退修することになった。

『河邊貞吉説教集』4の「恩寵之七十年」によれば河邊は、一八九五年（明治二十八年）四月中旬、バックストンの招きで松江の教職者会で、主の再臨と救い、潔めについて自分の体験を証し、大きな祝福のみわざがなされている。河邊の筆によれば、集会の参加者は「全国の諸々より来会、大部分は松江、米子、浜田、島根県下の諸所、バ師の下で伝道しつつある人々」であった。

『日本聖公会松江基督教会百年史』によれば、「B・F・バックストン司祭管理」は一八九一年四月から一九〇三年三月となっている。「協同教役者」は、他教派の人も含むとして三十人の日本人、十一人の宣教師の名前があげられている。そのリストの中でゴッドフレー・バックストンのバックストン伝、『信仰の報酬』に名前を見いだす日本人教職者としては、荒砥石琢哉、永野武二郎、黒木洲尋など、地元で回心し献身した者たちである。加えて、前述の藤本寿作、竹田俊造、堀内文一、三谷種吉、秋山由五郎、笹尾鐵三郎の名前もこのリストに名前を連ねている。宣教師名の中には、後年インドの宣教活動で著名なエミー・カーマイケル氏は、健康の理由で松江を去ることになったが、このリストの中にはあげられていない。

都田恒太郎は『バックストンとその弟子たち』の中で、土肥修平の弟子が記した『焼跡の釘』から土肥修平の筆による当時の思い出を引用している。

「そのころバックストンの所には、聖公会の教役者五十名、他派の教役者三、四十名もおり、彼らの霊肉二つながらをバックストンは養い育てていたわけである。しかして、毎月十五日、三十日には、なにがしかの金を状袋に入れ『これは神様から下さったものです』と言って、それらの人々にわかち与えていた。そして来る人を拒まずだれをも喜んで迎えたので、彼の所にはほとんど入れ代わり立ち代わりいつも五、六十名から百名くらいのいわゆる修養者が絶えたことがなかった」（『バックストンとその弟子たち』一六六頁）。

入れ代わり立ち代わりの来訪者といえば、たとえば、山室民子は、後年日本の救世軍の指導者となった父軍平が石井十次らとともに松江を訪問した記事を『バックストン先生の思い出』一七号（一九七七年六月）に載せている。

「その秋、岡山孤児院の石井十次君は、他に一二の友人と山陰道にバックストン氏を訪問する目当てで、高梁町を経由せられたから、私は福西しげ子女史と共に、その一行に加わったのである。」

民子は「この松江を訪問したというのは、明治二十七年、軍平が数え年二十三才のころでした」と記している。日本の讃美歌の発展に中心的な役割を果たし、讃美歌「きよしこの夜」の訳者としても知られる牧師、讃美歌作家の由木康も『バックストン先生の思い出』創刊号（一九六三年三月）に「世界教会運動の先駆者」の一文を載せ、「先生と私」と題し当時の思い出を記している。

「そのころ松江市赤山の先生宅で、たしか春秋二回、聖別会が開かれ、遠近から多くの教職や信徒が集まって、霊的な恵みに浴していた。私が五歳のとき、父は竹田先生につれられて、この赤山聖別会に初出席したが、よほど感激したものと見えて、家にいる母に電報をよこした。『ヨイコトガアルカラスグコイ』というのである。母は何かもうかる仕事でもできたのかと思って、私をつれていそいそと松江に出かけた。云々。」

由木は文中に宿泊先が佐藤邦之助の父源之助宅であったこと、堀内や三谷も同宿したこと、記念写真には、バックストン夫妻、ロビン・バークレー、オリバー・ナイト、パゼット・ウィルクス、竹田、堀内、三谷、中田、笹尾、河邊、秋山、永野ら日本人教職者らが写り、最前列にはバックストン三男ジョージや四男ゴッドフレーとともに康が行儀よく座っていたことなど記している。

バックストンの協力者パゼット・ウィルクスが松江の働きに加わったのは、一八九七年(明治三十年)九月であった。同年、この群れに加わった三谷から日本語を学ぶことになり、後に『霊の糧』の発行、編集を三谷と分かち合うことになった。

中田重治は『笹尾鐵三郎全集』第五巻の「笹尾鐵三郎伝」の中で、一八九九年(明治三十二年)ごろ、バックストンの招きで松江に赴き、望湖楼という大きな料理店における伝道会で初めて笹尾に出会ったことを記している。

『信仰の報酬』によれば、翌一九〇〇年(明治三十三年)、春秋二回、松江において特別聖会が開かれたが、秋には中田が招かれたこと、会衆は遠近から約百名、一日三回、四日間の聖会で、恵みの座は溢れ、盛んな集会であったことが記されている。また『信仰の報酬』(一三一～一三四頁)によれば、そのころ、オックスフォードの二人の卒業生、ウィルクスやオリバー・ナイトを含む十一人の宣教師がいたこと、松江における通常の聖書講義には、二十四人から三十人くらいまでの実業家、伝道者、牧師などが出席していたこと、「笹尾さん、三谷さん、中田重治さんらは聖書をよく知る人々であり、霊的内容に於いて能力に於いても、英国のどなたにも劣らぬ人々である」などと記されている。

以上が『赤山講話』発行年の一九〇一年（明治三十四年）までの時代的、環境的背景である。竹田は、『燃える棘』の「バックストン師の思い出」の中で、『赤山講話』の説教中の一つ、救霊の急を訴える「ソドム、ゴモラの滅亡」の説教を直に聞いたこと、それを、説教後、聞き覚えのまま、一気に走り書きしたことに言及している。そのことはそのこととして、『ヨハネ伝講義』など他の聖書講義の筆記が堀内であったこと、前述の『霊の糧』創刊号における「赤山講話」の筆記が堀内と明記されていることなどを考えあわせれば、それまで「赤山講話」の名前で「不規則に発行してきた雑誌」やそれに続くウィルクス・三谷発行・編集の『霊の糧』を背景に、本説教集『赤山講話』の筆記や最終的な編集責任は、堀内文一であったと見て間違いはないであろう。

「桃李もの言わざれども下自ずから蹊を成す」と言われているように、それが山陰という辺鄙な所であろうと、神との交わりの中で神を見、聖書を通して神の声を聞き、御霊の豊かな実を結ぶバックストンらを慕って、全国から松江に向かう道が通じられていた。ロイ・ヘッションは『神を見る生活』(いのちのことば社)の中で、私たちは「自分自身のために神を見、神の中に深い意味での人生の解答を見い出すために専念しなければならない。そのようにすれば、たとえ私たちが地球のどんなへんぴな所に住んでいたとしても、世界はその回答を得ようと私たちの家に道を通ずるであろう」(一九頁)と記している。松江は「赤山聖舎」においてそのことは紛れもない事実となった。

バックストンの説教に伴う神の御声

バックストンの説教には明らかに「三つの聖なるもの」が伴っていた。神の御声と御顔と神の御手である。

第一に、神の御声についてであるが、「枯れた骨の谷」において次のように語られている。

「私たちが預言するときに、声が響きます。神は私たちと共に働いてくださいます。これは表面にあらわれる声ではありません。神が罪人の心の中に語られる声です」(「枯れた骨の谷」一二四頁)。

説教に伴う神の御声は、その会衆が救いを経験していない「枯れた骨」であっても、すでに救いの恵みにあずかっている信者、伝道者であっても変わりはない。渡辺善太は、第一回バックストン記念講演（一九六〇年十一月）において、自分が教えを受けた方に三人あるとして、まず、中田重治、山室軍平をあげ、この二人からは、説教をいかにすべきかを学んだが、バックストンからは説教とは、何ぞやを学んだと語っている。渡辺によれば、山室軍平は説教を下から語り、中田重治は正面からぶつけた。しかし、バックストンは上から話すというのである。つまり、バックストンには聖書によって神が語りたもう、それがあるというのだ。そして、渡辺は自分の経験を語っている。渡辺の二十一、二歳のとき、「九段教会でバックストンの修養会で聞いた説教、列王記上十八、九章『火をもて答える神を神とせよ』との御言葉に、ずしりとやられちゃった、全存在にぴりぴりとしみとおるように、これが聖書だ、これが聖書を通して神が語りたもうたのだ」と述懐している。本『赤山講話』においても、「読者がもし祈りの中に聖書の光を求めて読むなら」（『ヨハネ伝講義』例言）、全篇から語りかけてくる神の御声を聞くであろう。

堀内文一もまた、バックストンの説教中、神の御声を直に体験したものの一人である。「よくなりたいか」の説教の中で、堀内はこの語りかけを聞いている。

「おお、三十八年間患っていた人をも主は癒《いや》すことがおできになります。主は『よくなりたいか』と言われます。おお、どうでしょうか。主は『よくなりたいか』とおっしゃいます。私たちはどこをよくされることを願いますか。心の苦しみという病ですか。主はそれを癒《いや》してくださいます。人に打ち明けられない心の痛みですか。主はそれを癒《いや》してくださいます。誇り、欲など心の中に残っていることを癒《いや》されたいと願いますか。主はそれを癒《いや》してくださいます」（「よくなりたいか」七九頁）。

竹田俊造は語っている。

「堀内君は、とかく胸を病んでいたのだが、明治三十年、松江に来た当初、聖会で先生がベテスダの池のほとりの主を語られた時、くり返しくり返し、厳かに言い続けられた『汝いえんことを願うか』（ヨハネ五・六）ということばが、霊魂の底に届いた。これは、主の御声そのままであった。このことばで、彼は全くいやされた。心身ともに全く健全な今日の彼とされたのである」（竹田俊造『燃える棘』一〇八頁）。

その竹田もまた「生命《いのち》の水の川」の説教の中で神の御声を聞いている。

「『人の子よ。あなたはこれを見たか』、神は今晩、皆さんに向かってこうお尋ねになります。神の御座から流れ出る聖霊の活きた水を見たか、と尋ねられるのです。私たちはすでに十字架のもとに行き、血を流し、肉を裂かれた主を見上げ、そのことによって罪の赦《ゆる》しを受け、救いの喜びを味わい、永遠の生命《いのち》という賜物を授けられて、神の子どもとなることができました。これは実に幸いなことです。けれども、このように十字架上のイエスを見た者の中にも、いまだ神の御座から流れ出る聖霊の水を見ていない人が多くいるのは、実に悲しむべきことです。神が私たちの霊の眼を開いて、ペンテコステにあふれ出た聖霊の川を見せてくださることを祈りたいと思います」（「生命《いのち》の水の川」一七〇～一七一頁）。

竹田はこの説教を一八九六年（明治二十九年）十月に聞いている（『燃える棘』一〇九頁）。生命《いのち》の水の河、聖所からの流れについてバックストンが語られたとき、その光景が幻のようにまばゆいばかりに見せつけられ、眼前に御霊の河が流れているかのように思われたというのだ。バックストンが、「人の子よ、汝、これを認めたるや」と言い続けられたとき、これが霊であり、生命《いのち》であり、その言葉は輝いていたというのである（前掲書、一〇九頁参照）。

竹田は続く「ソドム・ゴモラの滅亡」（同書、一七九頁以下）の説教に圧倒され、説教後、聞き覚えのまま一気呵成に走り書きしたと記している。おそらく、今日、祈りの中で本書を前に座す読者も、本書の中から必ずや神の御声に接することであろう。

バックストンの説教に伴う神の御顔

第二に、バックストンの説教には常に神の御顔が伴っていた。

「おお、燭台の中に主は立ってくださいます。今晩、私たちのともしびを照らすために主はこの真ん中に立ってくださいます」（「金の燭台」六八頁）。

「ベテスダの池の中に立たれる主イエスを見てください。……今晩、その同じ救い主が私たちの真ん中に立っていてくださいます」（「よくなりたいか」七五頁）。

「兄弟姉妹よ。神は今晩この部屋にも満ちておられます。神の裾はこの部屋にまでも満ちています」（「聖潔」八七頁）。

「神は常に豊かな恵みを私たちに与え、ご自身の顔の覆いを脱ぎ去って、輝く栄光を現すことを望んでおられます」（「神の栄光を見る障害」一六〇頁）。

バックストンの説教には常に、神の御顔、神の臨在が伴っていた。いつしか、説教者の姿は消え、臨在の主が現れる。しかし、この神の臨在は、神的感情、情緒的雰囲気では決してない。それは、バックストンの賜物でも、彼特有のキャラクターでも決してない。主の臨在感にはそうあるべき厳然としたコストがかかっている。バックストン自身が語っているように、神の栄光を見る障害物を徹底して取り除いたからこそ、主の臨在が伴ったのである。後年、澤村五郎が「時々刻々聖霊のご支配の下の生活こそきよき生涯は完成する」(『バックストン先生の思い出』二号、一九六三年六月)とバックストンを語り、小島伊助がしばしば、「憂えしめられない聖霊の臨在は、いかなるドルにもまさる」とのバックストン語録を語っていたように、バックストンは何を犠牲にしても神の臨在を求め、常に主をわが前に置き、秘かな生活においても神の臨在の不断の現実感の中に生きた。

私たちはどのようにして説教において、主ご自身を現すことができるであろうか。『ヨハネ伝講義』の中で、主の復活の朝、マグダラのマリヤが個人的に主のご顕現に接し、そのことを弟子たちに語ったとき、主は公にご自身を弟子たちに顕現されたくだりをバックストンは次のように語っている。

「私共は、公に主を証ししとうございますならば、マリヤが説教したごとく、説教しなければなりません。マリヤはひそかに主を求めました。またひそかに主を見ました。私共もひそかに主を見ましたならば、私共の説教するときに、主ご自身が現れたまいます。自分の部屋において、ただ一人で見聞きしました恩寵を、証ししますならば、全会衆も同じ恩寵に与ることができます。私共は、ただ頭脳ばかりの準備を致しますならば、説教するときにも、ただ頭脳ばかりの利益を伝えるのみであります。けれども自分一人で、主を見ますならば、それを証ししますときに、全会衆も、必ず主と主の復活の力を見ます」（『ヨハネ伝講義』三八八頁）。

バックストンの説教に伴う神の御手

第三に、バックストンの説教に伴う聖なるもの、それは神の御手である。バックストンの説教には常に神の御手が伴っていた。スウェーデンはルント大学教授のウィングレンは記している。

「神はその人類救済活動をキリスト・イエスの立証者たる説教者を通して今日に至るも、これを継承しておられる。その方法が説教である。説教によりて神がサタンとの戦いにおいて決定的勝利を得たもうことを全世界の人類に宣べ伝えておられるのであって、この宣教がなければ人は皆、失望、絶望のうちに滅びるものである。こんなわけで、世界で説教ほど大事業はないのである」（長谷川計太郎『厳かな人生の事業』長谷川計太郎遺稿集刊行会、一〇一頁）。

人類救済活動の継続である神の救いの御業の伴う説教、それがバックストンの説教であった。それはまさに神の御手、神の力の伴う説教であった。バックストンは「枯れた骨の谷」の説教の中で語っている。

「預言することは、みことばを説明することではありません。キリスト教の教義について自分の考えを説明することでもありません。預言することは、キリストについて自分の思想を述べることとは違います。美しい説教をすることとも違います。預言するとは、罪人の心を刺す神の音信、神の使命、神の宣言を伝えることです。罪人の心を鋭く刺す神の使命を与えることが、真の預言です。預言するとは、神の力をもって話すことです。もし神の力がないならば、神の福音をどんなに宣べ伝えても、罪人を決して導くことはできません。神の力がないならば、悪魔の国を攻め取ることもできません。預言するとは、神の力をもって神の使命を宣伝することです」(「枯れた骨の谷」一二〇頁)。

英国ケズィック聖会の説教者アラン・レッドパスは、説教の三要素を、形(form)、実質(substance)、力(power)であるとして、形は、説教法の学びから、実質は、神の言葉の学びから、力は、説教者のホーリネスと神に対する不断の待ち望みから来るものとした。そして、説教の究極の目的は、会衆の意志を肯定させることであるとしている。感性や理性の線に沿って会衆を意志の入口に近づけるが、最終的には説教とは、人々を決断させ、意志を獲得しなければならない。だから、この説教の終局的目的から目を離してはならない。

もし聖句(text)が説教者を支配するなら、彼は良い講解をするであろう。もし演題（theme）が説教者を支配するなら、彼はすばらしい演説をするであろう。しかし、もし目的（object）が説教者を支配するなら、彼は説教をすることになる、としている。だから、説教には説教独自の領域がある。説教とは、聞く者をして「私はどうしたらいいでしょう」と叫びを起こさせるものであり、その叫びに答えるものなのだ。とすれば、『赤山講話』は講義でも研究でもない、まさに「説教」なのである。そのすべての説教は読む者の意志に迫り、何らかの形で意志を屈服させるのである。

二十篇の説教をくまなく見ると、その説教のほとんどは伝道者、教職者に対して語られたもの、ほとんどが夜の聖会であったこと、「枯れた骨の谷」の説教を聞く者は二十五名の教職、信徒であったこと（一一四頁）、聖別会が三日間であったこと（一六五頁）などがわかる。「今、私たちの中に三人の勇士がいるでしょうか」（「ダビデの三勇士」二二二頁）、「今晩は、聖霊に満たされた者の生涯はどんなものであるか、そして、どのようにして神の御恵みと神の御光を続けていただくことができるかについて、お話ししたいと思います」（「金の燭台」五五頁）など、説教の序論においては鮮明に説教の目的や方向性が示されている。時に魂に鋭い探りが入れられ、時に熱く伝道の重荷が宣教の戦地をあげて訴えられる。王なる主イエスの渇きから松江の滅び行く魂への重荷を訴え（「ダビデの三勇士」二七頁）、「兄弟姉妹よ。皆さんは……隠岐、米子、境、今市、広瀬、浜田、大東など、それぞれの持ち場に帰らなければなりません」（同、三一頁）と伝道戦のはりつめた空気を肌身で感じさせられる。全篇に聖書全巻、縦横に聖句は引用され、鋭い罪の迫りとともに、一九三七年（昭和十二年）、最後の来日時、開口一番、「神の福音はイエス・キリストの血潮と聖霊であります」（『バックストン先生の思い出』一〇号、一九七三年三月）と語られたように、『赤山講話』全篇に血潮と聖霊による贖《あがな》いのみわざは強調され、思わず、高揚感をもって「ハレルヤ」が叫ばれる。

そうした中で、長い糸を緩め、獲物を待つ漁師（一九頁）、美しい音を出すピアノ（七四頁）、短気の牧師が主を迎え、心の部屋が潔められる話（七六～七七頁）、一晩中魂のため心を注ぎ出して祈ったジョン・マクニール（一二二頁）、痩せ地の草木は棘になり、棘あるものも水豊かで肥沃な地では美しい花を咲かせる（一六三頁）、熱心の分析表（一六七頁）、厳冬の中、汗を流して祈った宣教師（一七七～一七八頁）、一人の鍛冶屋の救いのための涙の祈り（一九〇頁）、強盗に命を差し出し、救いを迫る信者（一九二頁）など福音の真理に、わかりやすく、美しく、しかもタッチングに光をあてる例話も散りばめられている。しかし、それらすべては聞く者の意志を獲得するものであった。

神の御手の働く説教、神の御手のわざがなされる力ある説教、それがバックストンの説教であった。ゴッドフレーは、一九〇一年（明治三十四年）、御牧碩太郎の上になされた神の御手のみわざを記している。

「一九〇一年の父の集会の後で、御牧さんは二人の兄弟と共に、祈りのため、森の中に入り込んだ。『それから、しばらくすると』、御牧さんは付け加えている、『主は語り給うた、実に柔しい御声である、『火を受けよ、正に今だ』と。私は躊躇した、私はしりごみした、然しその御声を拒むことは出来なかった。私はまかせた、信仰によって受け入れた。しばらくしてから、家に帰って寝床についた。然し、眠ることが出来ない。起き上がってもう一度、暗い松の木の下に入って、主を待ち望んだ。何と時間の経つの早いこと！　私は樹の株の所に膝まづいた、その樹株を、半ば、私の祭壇のように想いながら、私は自分をその上に横たえ、全く、そして永久に、主のものたるべく自分を献げた。私は主の愛に溶かされつつその場所を離れた、が、心は深い動かすべからざる信仰の確信に満ちていた」（『信仰の報酬』一六六頁）。

次代を担う現代のキリスト者のためにリライトされた本『赤山講話』に、主を待ち望む思いで対座するとき、私たちは新鮮に十分に赤山時代さながらのバックストンの説教を聴くことができる。

本書がこのたびの『バックストン著作集』の第一回配本ということもあって、「松江バンド」の背景を含め、いささか多くの筆を染めたが、何よりも本説教に伴う神の御声、神の御顔、そして神の御手のわざにあずかる読者が起こされんことを祈りつつ、「解説」を擱筆する。

日本イエス・キリスト教団香登教会牧師　関西聖書神学校元校長
『バックストン著作集』編集委員会委員長
工藤　弘雄

バックストン著作集 1
説教Ⅰ　赤山講話

2015年11月25日発行
2016年5月25日3刷

著 者　B・F・バックストン
印 刷　シナノ印刷株式会社
発 行　いのちのことば社
〒164-0001 東京都中野区中野2-1-5
TEL03-5341-6920／FAX03-5341-6921
e-mail:support@wlpm.or.jp
http://www.wlpm.or.jp

ISBN978-4-264-03448-3

「バックストン著作集」全10巻の内容

1　説教Ⅰ　赤山講話

2　説教Ⅱ　雪の如く白く／砂漠の大河／基督の形成るまで／神の河／エホバの栄光ほか

3　説教Ⅲ　神と偕なる行歩／聖潔られたる者の行歩／約束の地／基督者の家庭(クリスチャン・ホーム)／リバイバルの要件／富める所／能力の秘訣ほか

4　説教Ⅳ　ケズィック説教ほか

5　聖書講解Ⅰ　創造と堕落――創世記霊解／ルツ記霊解／雅歌霊解／ヨナ書霊解／神の奥義なる基督～ピリピ書・コロサイ書霊解

6　聖書講解Ⅱ　詩篇の霊的思想／エペソ書研究ノートほか

7　聖書講解Ⅲ　ヨハネ伝講義 上

8　聖書講解Ⅳ　ヨハネ伝講義 下

9　聖書講解Ⅴ　使徒行伝講義 上

10　聖書講解Ⅵ　使徒行伝講義 下

＊内容の一部が変更となる場合がございます。
また、内容のタイトルも変わることがございます。